河圖洛書新解

（暢銷改版）

以科學框架取代陰陽五行，
找回中國人的創新智慧

王唯工——著

推薦序

讀河圖洛書新解有感

人類文明的緣起，必然與他的生存環境與人類特有的「意識」有關。

人類自身特有的「意識」，認知到人類的生命是有賴於「地水火風」。「風」也就是「氣」、「大氣」。

人們從呼吸感受到大氣與生命的直接關係。再透過從「意識」而來的夢，感受到魂與靈，於是有了原始靈魂觀——也就是人類原始的精神活動。人們由此感受到「神」，那不可思議的可能。是以我們看到許多原始甕棺葬中的甕棺，多會留一個小洞，說是便於靈魂的出入。

隨人類的「意識」發展，人們有了哲學。古希臘哲學從物質構成的世界入手，做徹底的、本質的探索。而傳統中國則由氣而天、而人展現，於是有諸子百家。他們都從人之所以為人切入。哪怕是道家莊子、老子，也都關懷人世的開展、與人幸福最大可能的追求。

在這以「人」為主線的系統發展中，那來自遠古以「氣」為自然宇宙的原本線索，並未因此斷絕。他委婉縈繞，穿梭在以人為主的系統中，開展出陰陽、五行，集結出易經哲學、黃老道術。甚至還將遠古以來的種種方術（伎），演繹成天文、地理、醫卜、星象，各種技術、理論與學說。其中尤以醫學，至今仍膾炙世界，救治世人。

記得近代國學大師錢穆賓四先生，在教先秦思想史陰陽家鄒衍時說：「陰陽五行的理論，目前雖在經典文獻上，不易有完整的篇章，但他綜合了中國自古而來種種對客觀物質世界探索的成就，並穿入在各種的醫卜、星象、天文、地理之中。今天人們總說他們不科學，其實今天我們當用科學的理論來做研究、分解，或許會有重要的發現。東漢後這個部分，多被蒐羅在《道藏》之中。我年輕時，曾想有一天來做深入的研究。只是近代中國百事待舉，個人的精力有限，我只有下工夫在最重大的問題上了。現在我老了，做不動了，你們看將來會不會有人發心去做研究，因這也是中國文化的主要組成部分呀！」

今天有幸看到王唯工先生的新著——《河圖洛書新解》。其中談傳統中國文化與歷史，我雖有不同看法，但看到王唯工先生長期以來，用自己精深的自然科學知識，分解傳統中國醫學上的種種理論，屢見新說，甚至還透過現代物理力學原理，解析傳統的氣學理論，製作出可以偵測人體脈理的儀器，建立合乎現代自然科學的客觀依據。心中長久以來，敬佩不已。

今天王先生更進一步提出有關河圖洛書的新看法，更讓我開心不已，並有所期待。

不過在讀王先生這本《河圖洛書新解》時，最讓我動容的是，王先生對中國文化、民族未來發展的期許，及付出的關注熱忱。

記得也是在錢賓四先生生前，他說：「中國之所以能久、能大，從幾千年前以至於現在，甚至於能從衰敗中再起，就在於中國的知識傳統中，會有許許多多的知識分子關心自己民族、國家的前途，並從各方面投身進入，嘗試一新中國傳統學術的耳目，為中華民族注入新血、新機。今天你們生在這一嶄新的時代裡，新知識如此蓬勃發揚，你們能否將其好好的研究，再吸收消納，化為未來中國學術知識的一部分，以使中國文化和民族向前跨一步，而使民族與文化得以延續和發展？」

此時，我坐在窗前，看著王先生的大作，忍不住心情激昂，於是不揣淺陋，寫下感想，以回應王先生的呼籲，並期待王先生再進一步的研究，以嘉惠我們。

辛意雲 敬記於民國一〇二年十二月十七日
人學齋

推薦序

數字一到十的祕密

台大電機系教授 李嗣涔

王教授花了近三十年的努力，把傳統人體血液循環的科學理論做了大幅修正及擴充，認為諧振循環是以血管彈性位能與器官組織共振的機制來決定血液的分配，由於血管及器官組織均為非線性系統，所以心臟跳動頻率f0的所有倍頻（主要是第一到第十諧波）會出現在脈診的信號上。

他把這套理論用來解釋中醫脈診的原理，不同倍頻信號對應不同經絡供血情形，完成了一套自圓其說的理論，也替中醫脈診的科學化提供了一個可供驗證的假說。台大醫院現在組織了一個綜合的醫療團隊，包括來自腎臟、肺臟、心臟、肝膽

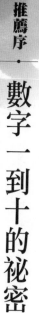

科、急重症的醫生及生醫電子研究所教授，架設雲端平台，將西醫對病人的檢查加上脈診，數據送上雲端後由專家做信號分析，大規模驗證脈診的價值，我相信一兩年內將會得出重要結論。

這一次王教授把興趣轉向了解釋歷史更久遠的河圖洛書，河圖一到十，洛書一到九的圖案設計，初看令人不知所云，但是經過王教授引經據典的說明及去蕪存菁的分析，讓我們漸漸了解河圖洛書的來源、象徵，為何失傳上千年，又由道士陳摶所傳出，朱熹並以大儒身分肯定河圖洛書為八卦、《周易》的源頭。問題是此兩圖案到底是真是假？一九七七年安徽阜陽雙古堆一號墓，據推測為西漢汝陰侯之墓中，挖掘出許多簡牘，其中兩具占盤與洛書一致。可確定陳摶所傳之河圖及洛書，確實是漢朝以前就有的數圖。

這兩張一到九或一到十個點圈排列的數圖，如何在數千年的歷史進程中醞釀成八卦及《周易》的體系，以及民間流行的算命、風水、堪輿、占卜等比較應用性技藝，這方面並不清楚，有待有志之士以現代科學來予以詮釋或解密。王教授在本書中發現如果採用他對脈診的諧波解釋，把倍頻數字一至九按照對應器官在身體位置排列，竟然與河圖的數字排列圖完全一樣。當然這不是說解開了河圖的奧祕，而是發現河圖也可以應用於解釋人體脈象的特徵。我相信經由王教授對河圖洛書現代化的詮釋，必然會引起更多人的興趣，願意投入河圖洛書的解謎，則這本書對中華傳統神祕文化的發揚光大善莫大焉。

自序 七十解惑

我自小生長在台灣，一直接受新儒學的思想教育，天天被灌輸「萬惡的共匪如何竊取了大陸」。

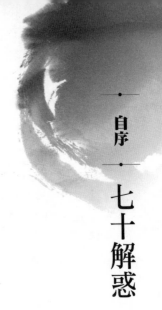

出國留學，到美國讀書後，就開始自己思考，中國究竟出了什麼問題，為什麼會衰敗至此？好在我是學理工的，沉重的課業壓力追得我沒有時間仔細思考。接著娶妻生子，生活的擔子總得挑起。這樣子渾渾噩噩的過了四十年。

孔子說：「三十而立，四十而不惑。」可是我到了四十歲時，忽然覺得對中醫的理論有點感覺，但仍大惑不解。這個大惑就困了我二十年，直到六十歲，也該知天命了。六十歲以後，有幾年真的以為自己耳順了，別人罵我不覺生氣，看到世事變化也不覺奇怪。自己也沾沾自喜，有點知天命了。

怎知到了今年，七十歲了，又遭遇了一次大惑不解。

有將近一個月的時間吧，天天看著河圖洛書的圖案，左顧右看，前思後想，就是不得其解。這時候就想到韓愈的《師說》，如果真能有師解惑，肯定也是人生一大樂事。

經過半年的思索研究，今天在此交考卷。還請各位看官都當我的老師，打個分數吧！

希望能及格，也算為我七十歲的人生立個里程碑。

王唯工

前言

中華文化探源

在中華民族將近一萬年的文明史中，留下了許多影響人類思想發展的典籍，如《內經》、《周易》、《四書》等有文字記載的經典。目前留存的《周易》是《易經》注的周文王版，因為孔子為其撰寫〈繫辭〉，而成為儒家文化的核心。

其實在《周易》之前還有兩部關於「易」的著作，在夏朝有《連山易》、商朝有《歸藏易》，因為《三字經》中提到「**有《連山》，有《歸藏》，有《周易》**」，提醒了我們它們的存在。《周易》的成形，來自伏羲的八卦，這個可能已是七、八千年以前的作品，經過三千至四千年的發展，才成就了《周易》。今天所留下的《周易》，也就是孔子加注的版本。

伏羲所畫的八卦又由何思想而來呢？可能的推測是宇宙日月、陰陽的概念，而陰陽學說最具代表性的圖案是太極圖。所以，太極圖可能也是存在了一段日子；而今已躍上了韓國的國旗。

如果只是依據陰陽學說，八卦為何剛好是八個呢？有人會說，陰陽學說其實就是二進位的數理推演。但為何是八個，而不是四個或十六個，甚至三十二個呢？可選二進位之二次方、四次方或五次方。為何要選擇二的三次方？

目前大家較能接受的說法是：八卦系由洛書轉化而來，而洛書是河圖的孿生兄弟。因此，河圖洛書應是比七、八千年以前更早就已存在的一個圖象。根據這個圖象的啟發，伏羲畫出了八卦，又經過四千年左右的演化，較重要的階段性過程中，先有《連山易》、《歸藏易》等已失傳之創作，後面才有《周易》的誕生，進而誘發孔子代表的儒家及老子代表的道家等中華文化核心思想。

由此看來，中華文化的源頭在《周易》，而《周易》源自於八卦，八卦則是由河圖洛書演變而成。

之所以說它是中華文化源頭，一方面是想「正本清源」，找出中華文化的基本元素，另一方面借用朱熹的「**問渠哪得清如許，為有源頭活水來**」，探討這個流動萬年的文化長河，其源頭活水是何等清澈，而後是在歷史上的哪些轉折點，摻入了大量污染和雜質。

由於文化的敗壞，這個民族逐漸失去了智慧理想，也同時失去協調同化與融合的能力。先亡於蒙古人，又亡於金人。到了清朝末年，慈禧主政，義和拳當道，中國就成了列強任意宰割的標的。如果不是分贓問題，各國互相牽制，只怕早已亡國。而民國以來，雖然有改進，但仍不免成了鄰國日本蹂躪與奴役的對象。

在本書中，筆者試著說明河圖洛書究竟有什麼高深的內涵，可以稱為中華文化的源頭活水，而在歷史中又有哪些重大的污染事件，將這些活水逐漸變成骯髒無比的惡水。

注：「易經」在民間常為某種卜算方法的統稱，本書中所提到之《易經》為古籍，因此統一以《周易》稱之。

Contents
目　錄

PART 1

認識河圖洛書 22

河圖洛書從何而來？是何種形象？由於消逝於世間，讓人不禁懷疑究竟河圖洛書是否真的存在過？但又為何至今還有人提到河圖洛書？對中華文化有什麼影響？本篇將揭開河圖洛書神祕面紗。

目錄 Contents

PART 3

河圖洛書面面觀 88

河圖洛書表面上似乎消失，但卻在地下文化中復甦，細探中華文化歷史發展，從文學、科學、哲學、宗教中淘洗精華，河圖洛書的影子就隱藏在其間，只是沒有被發現。

目錄 Contents

PART 4

PART
1

認識河圖洛書

河圖洛書從何而來？是何種形象？
由於消逝於世間，
讓人不禁懷疑河圖洛書是否真的存在過？
但又為何至今還有人提到河圖洛書？
對中華文化有什麼影響？
本篇將揭開河圖洛書神祕面紗。

1 河圖洛書真的是上古時代之文獻？

關於河圖的記載，在《禮記・禮運》中提到：「**河出馬圖。**」最有力的證明是孔老夫子在《論語・子罕》中曰：「**鳳鳥不至，河不出圖，吾已矣失。**」意思就是象徵太平盛世的鳳鳥沒有來，象徵聖人的河圖也沒出現，我這輩子是完了。

研究河圖洛書或其衍生之《周易》的大師們，涵蓋整個中國歷史，最早有伏羲作八卦，接著神農（連山氏）作《連山易》，其《神農本草經》更奠定中醫藥學基礎。黃帝（歸藏氏）作《歸藏易》，發明文字、音律、干支、曆算、舟車……。接著周文王作《周易》。

後起之姜尚（子牙）、周公、老子、孔子、荀子、張良、孔安國、司馬遷、楊雄、張衡、馬融、鄭玄、諸葛亮、阮籍、王弼、孔穎達、李淳風、袁天罡、孫思邈、陳摶、歐陽修、周敦頤、邵雍、劉牧、司馬光、張載、程頤、蘇東坡、朱震、朱熹、劉伯溫、張介賓等等，至少有百餘位，皆可在歷史文獻中找到他們的分析及見解。

如今，挾現代科學之優勢，各領域的專業學者更是絡繹不絕，紛紛想解開這個懸疑了五千年之謎，

▼ **龍馬負圖**

想了解上古時代的祖先們究竟是知道了什麼重大的天機，神祕地將之收藏起來，不肯輕易示人。就連孔子也未能親眼目睹，結果導致失傳？

● 最早記錄有關河圖的文字

《尚書・顧命》中記載周康王即位之後，從周成王那裡繼承了八件國寶——**赤刀**（武王伐討時之配刀）、**大訓**（先王之教訓）、**弘璧**與**琬琰**（兩者皆可能為美玉）放在西序；而**大玉**、**夷玉**（皆可能為美玉）、**天球**（可能是刻有天象的美玉）及**河圖**在東序。這是首次在可

▼河圖

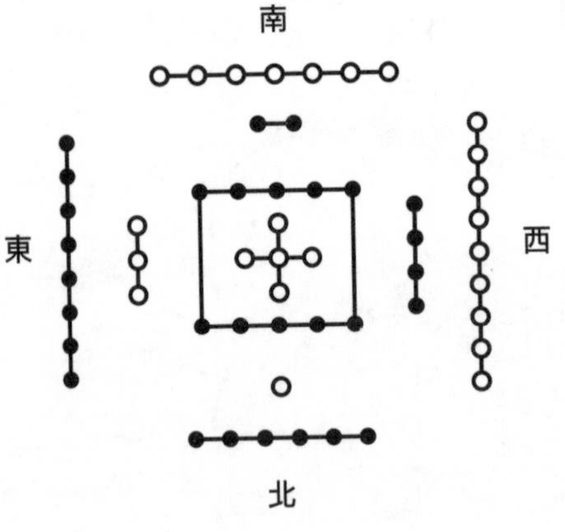

信的歷史文字之中看到河圖，但並沒有說明河圖以何為載體，是美玉、皮革或是龜甲？或者只是一紙圖樣或是幾句話？當然更沒載明河圖內容是什麼？

《尚書・中候》：「**元龜負書出洛。**」是最早直接提到洛書的文字。

《周易・繫辭》：「**河出圖，洛出書，聖人則之。**」此處孔子把河圖洛書連結在一起，表示連聖人都要學習箇中奧妙，並遵守其教導。

古代記載、傳說或緯書中，上自伏羲、黃帝、堯舜、夏禹、商湯、周公、成王，也都出現與河圖洛書有關聯的說法。如《禮緯・含文嘉》：「**伏羲德合上下，天應以鳥獸文章，地應以河圖洛書，乃則象而作易。**」

《尚書・中候》：「**黃帝東巡河，過洛，修壇沉壁，受龍圖於河，龜書於洛。**」因河圖洛書有列星之分，七政之度，《帝王錄》中則記興亡之數，將帝位授堯，而堯遂禪於舜。

班固所著《漢書・五行志》則認為河圖產生於伏羲時代，洛書產生於夏禹時代，而禹依洛書之指導而治水成功。

《水經注・洛水》：「殷湯東觀于洛，習禮堯壇……黃魚雙躍，出濟於壇，黑鳥以浴，隨魚亦上，化為黑玉赤勒之書，黑龜赤文之題也。」其中「赤勒之書」可能就是指洛書。

《宋書・符瑞志》：「周公旦攝政七年，制禮作樂，神鳥鳳凰見，蓂莢生，乃與成王觀於河、洛，沉璧。禮畢，……玄龜青龍蒼兕止於壇背甲刻書，赤文成字。」

由以上記載來看，能得到河圖洛書的領導人都是聖明君主，「聖人則之」一語可能由此而來。可是究竟這些聖主明君是因得到河圖洛書而習得英明，或因其英明

▼神龜背書

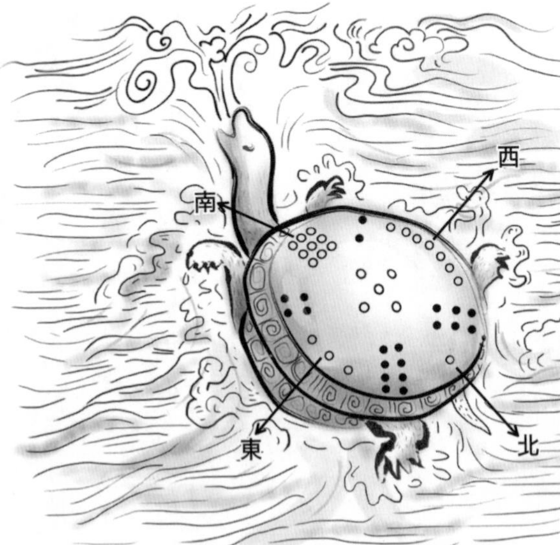

而天授之以河圖洛書？卻未曾說明。但從這些說法可以推測出：

一、河圖洛書中有極高的智慧，所以聖人則之。

二、河圖洛書是天授聖君之表徵，像玉璽代表皇權一樣，代表著聖君明主。

洛書是一篇文字嗎？

洛書，顧名思義該是一部書或一段文字。漢朝時代的孔安國傳云：「**天與禹，洛出書，神龜負文而出，列於背，有數至于九，禹遂因而第之，以成九類，常道所以次敘。**」唐代孔穎達疏云：「**《周易‧繫辭》：『河出圖，洛出書，聖人**

▼洛書

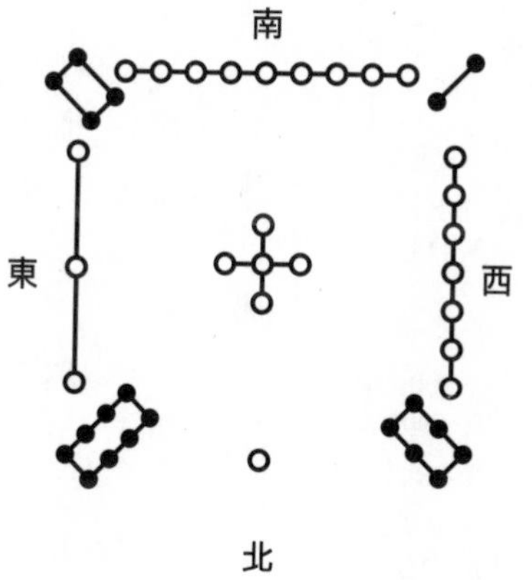

則之。』……洪範是也。」都主張洛書就是洪範九疇。

《漢書・五行志》也提到洛書與洪範的關係，「禹治洪水，賜雒書，法而陳之，洪範是也。聖人行其道而寶其真。降及于殷，箕子在父師位而典之。」

商朝末年箕子答周武王時的對話，在《尚書・洪範》中有記載：

箕子乃言曰：「我聞在昔，鯀堙洪水，汨陳其五行，帝乃震怒，不畀洪範九疇，彝倫攸斁，鯀則殛死，禹乃嗣興，天乃賜禹洪範九疇，彝倫攸敘。初一曰五行，次二曰敬用五事，次三曰農用八政，次四曰協用五紀，次五曰建用皇極，次六曰乂用三德，次七曰明用稽疑，次八曰念用庶徵，次九曰嚮用五福，威用六極。」

這篇文字不僅提出九項治國之重要事務，也建立了五行學說的正當性，對後世文化發展影響很大。

仔細看最後一句「**次九曰嚮用五福，威用六極**」，其實是兩個項目，由此算來應是洪範十疇。還有一點特別重要，就是「**次五曰建用皇極**」。這個洪範九疇雖非洛書本體，但已相當體認了洛書的精神，認為「五」與「皇」有關。

至今我們可以推測洛書的主要內涵為：

一、認為重要事項有九。洛書之數也是一至九，後禹遂因而第之，以成九類。如長道設九州，制定九章大法；而周朝設井田制，也將土地分為九塊；曹丕對人才選拔也是九品中正之法。

二、確認「五」代表皇帝。井田制之中間為皇田，河圖洛書「五」的位置，也代表皇帝、治理國政者或領導者。

三、《尚書・大禹謨》中的「**水、火、金、木、土，谷惟修**」，與以後朱熹所引用的順序，水、火、木、金、土，已不盡相同。朱熹引用之順序，首見《禮記・月令注》及董仲舒所著之《春秋繁露》，主要是用在曆法，指導農事，提出四季變化的計算方法。今日中醫之三伏天，就是以夏至第三個庚日為頭伏，而後每隔十天（兩個五天）為一伏，通常指夏至後第三個庚日之後二十天（四個五天）。如果五行對應四季，春木、夏火、長夏土、秋金、冬水，每個時段各七十二天，多出來的五、六天為過年，則順序又不同。

東漢鄭玄《易傳・繫辭》注曰：「**天一生水于北，地二生火于南，天三生木于東，地四生金于西，天五生土于中**。」可能是以後各家引用一對應水、二對應火、三對應木、四對應金、五對應土之五行與數字關係的決定性文字。

尚有一些緯書，如《易解》、《春秋緯》等，都不是正規的儒家文獻，比較接近淮南子或陰陽家，多是風水、仙道或算命、占卜等學說之著作，將五行與河圖洛書上的數字相連結對應，自圓其說，解釋五行相生（河圖）相剋（洛書）之理。

在連結了《尚書・洪範》之「**初一曰五行**」後，陰陽家的五行理論即深植中華文化之中，因而清濁不分，還成為後世發展主流。由於河圖洛書這道清泉之真正涵義至今仍無人解，因此今日中華文化精華雖猶在，糟粕含量卻太大。更可怕的是，因為不解河圖洛書之義，不知清泉為何物，又如何著手清除污染呢？

2 河圖洛書的失散

由《尚書・顧命》可知，河圖洛書是皇帝當成玉璽一樣的鎮國之寶，收藏在宮中，又怎會輕易遺失呢？

實物的消失

在大禹之前，中國是由禪讓制度來產生領導人。比較像柏拉圖之《理想國》，由國內有知識、智慧的公正人士組成小團體，負責選出新的領導人。今日大陸領導人的產生也與此制十分相似，只是當時沒有政黨，也就沒有所謂一黨獨大的問題。

大禹之後是世襲的家天下，這種制度也有優點，我們記不得夏、商、周三朝各有哪幾個皇帝，但是我們至少都記得夏、商、周這三個王朝。在夏以前可能也有幾千年，但因不是家天下，歷史就只流傳了三皇、五帝等聖君明主。其他較平庸的領導人，不但沒有記錄，即使個人有些成就，也因沒有子孫歌功頌德，就淹沒在歷史的洪流之中。最後只能找幾個人物來代表，概括承受。

結果幾乎所有古代的發明，發明人都是黃帝掛名。

所謂倉頡造字，聽起來似乎是倉頡一人所為，但中文不是拼音文字，而是原始的文字，有六書——象形、形聲、轉注、假借、會意、指事——的造字法則，這麼複雜的文字，不可能像韓文或日文，用其他語言為基礎而衍生，可以在較短時間內成形。複雜的漢字中充滿了文化元素，不可能由一個人在短時間完成，因此推想倉頡應是整理漢字，而非創造漢字之人。

因為是天下為公，沒有歌功頌德。就像美國總統你能記得幾個？能記住的多是有特殊貢獻的，如華盛頓、林肯、傑佛遜等。從領導人的住處觀之，日本有皇居，中國有故宮，韓國也有皇宮……這些皇宮比起美國白宮——總統辦公及住處，不知豪華了多少倍。家天下的王朝才能累積財富，才能建築宏偉的皇宮及墓穴；時至今日，替現代人增添了許多可遊賞的名勝古蹟。

但是家天下在位者有一個首要任務，就是大權不能旁落，不能任人改朝換代。今天看清宮劇裡那些皇族們，念茲在茲就是維持大清帝國的存在。

回到主題，河圖洛書的器物一直保存在宮中，又怎會遺失呢？

目前大家有共識的答案，是由萬斯同提出的說法——周幽王為博褒姒一笑，烽火台三戲諸侯後，在犬戎真的攻進都城時，諸侯們不再救援，因而宮內寶物被掠奪一空。河圖洛書的器物也就不知流落何方。這個說法，只能說河圖洛書不在皇宮，並不能證明已被毀滅。

而河圖洛書的義理為何也失傳了呢？

即使〈洪範〉中記錄箕子答周武王問時的對話，也只是捉住了河圖洛書一小部分的含意。究竟是有什麼樣的原因，讓貴為國師的箕子也未能充分了解河圖洛書的內涵呢？

● 義理的消逝

伏羲由河圖洛書之啟發而作八卦，可見河圖洛書距今七、八千年前就出現，到了周武王時，河圖洛書已經存在三、四千年。

在夏以前，應該有許多人都理解河圖洛書的高深內涵，而且傳了三、四千年，否則大禹如何依照洛書去治水呢？但到了周武王去問箕子時，箕子卻無法完全表達河圖洛書的內涵。原因分析如下：

一、箕子自己也沒有接收到河圖洛書之精義。

二、箕子是殷商國師，周武王來問，未肯將河圖洛書的精義告之，只是應付一下，給一個不算錯、可執行，但沒有核心思想的答案。

三、周武王在記錄這段文字時，只記錄了如何實施的方案，而故意不把精義記錄下來。

河圖洛書為何連義理也一併與器物流失，並淹沒在歷史的洪流之中？針對這個問題，王晉中提出了一個合理的答案：

河圖洛書是教人如何做君王、做領導的心法和祕訣。在夏以後，家天下的情況下，**必定是如同玉璽一樣，只有傳給將要繼承王位者。**這種單傳的模式很危險，一旦繼承者突然病死或被害，心法有可能就此失傳；或者是傻了、癡呆了，也沒有能力了解此精義。各種突發狀況及個人因素，都可能造成河圖洛書內涵義理之流失。

3 河圖洛書在孔子之後的各種研究及發展

漢朝鄭玄提出大衍之數，為唐李鼎祚《易解》等後世著作引用，而此後水、火、木、金、土，對應一、二、三、四、五的順序，又為宋大儒朱熹所接受，收在著作《周易本義》中，並把河圖洛書放進去，自此河圖洛書在注解《周易》之著作常被引用。至清代修《四庫全書》，不顧眾多學者反對，將有關河圖洛書之圖及著作收錄其中，以維持其在儒家的正統地位。

其實鄭玄注《周易・繫辭》時，對河圖洛書之解釋引用自《春秋緯》：「**河以通乾出天苞，洛以流坤吐地符，河龍圖發，洛龜書感，河圖有九篇，洛書有六篇。**」顯然鄭玄並不知道河圖洛書是由一些數字構成的圖案。

以傳說之形式流傳

孔子未見過河圖洛書，之後的學者（如鄭玄）也是依據孔子的話或以往的記載猜測、推演，沒有什麼重大突破。

河圖洛書在皇權下的流傳，由夏開始就已被限縮，而皇宮中的寶物也在周幽王時被搶走，從此在正統的文化中失去流傳。孔子說過：「**禮失而求諸野。**」河圖洛書之重見天日，可說是最典型的例子。

在代表正統儒家及皇帝的河圖洛書「往事已成追憶」時，自孔子以降之眾多學者都只能繼續嘆息：「**河不出圖，吾已矣夫。**」

據說在北宋初年太平年間，華山道士陳摶傳出河圖洛書、先天圖等原始圖形。而陳摶沒有交代他如何得到河圖，大概也不敢告訴別人自己手上有河圖洛書。因為自古以來都是明君聖主獲得天賜河圖或洛書，如果陳摶直接對外宣稱得到河圖洛書，豈不是將自己神化，有想當皇帝的念頭？這可是殺身滅族之禍呀！

據黃宗羲《易學象數論》指出，陳摶之後，河圖洛書依序傳給種放、李溉、許堅、范諤昌、劉牧。劉牧根據陳摶所傳之河圖洛書，寫了《易數鉤隱圖》，才將此圖象傳開，廣泛在世間流行。而劉牧為陳摶五傳之弟子，當時陳摶應早已去世，皇帝要殺他也來不及了。不過，也有可能是劉牧因緣際會得到河圖洛書，但為怕皇帝殺頭，才假託是陳摶所得。

綜合河圖洛書的傳承經過，可歸納出以下兩點感想：

一、陳摶是道士，並未在朝為官，著有《指玄篇》八十一章，提出易學圖式，包括象與數的研究，是象數之學的創始人，但書中沒有提到河圖洛書之圖象。而劉牧曾中進士，多次為官，並受范仲淹提拔。如果黃宗羲的記錄是正確的，這位陳摶可真是老子的傳人，充分理解並實行老子「不敢為天下先」的指導，乃能終老山林，安享天年。劉牧是儒家，又在朝為官，將象數之河圖洛書圖傳於世，對後世造成莫大影響，但又能不自攬功勞，仍物歸原主，昭告天下，此圖傳承自陳摶，乃真正的正人君子。

二、河圖洛書在傳統儒道文化體系中遺失了，但並未真正消失。既然不在地上的文化之中流傳，又是什麼管道把河圖洛書一直留在地下文化中呢？

以占卜相命形式棲於民間

觀察宋朝以後河圖洛書及《周易》應用之發展方向，河圖洛書在孔子之後，到宋朝為止，是以占卜、風水、相命、堪輿、術數等應用最為廣泛，遠大於在對《周易》義理注解之上。朱熹雖然想要力挽狂瀾，但也功敗垂成。

朱熹以大儒家身分肯定河圖洛書圖象為八卦、《周易》之源，並載於其著作《周易本義》首卷，但不贊同將《周易》用為占卜、相命之工具。此舉並未能改變後世將河圖洛書及《周易》當成陰陽家的占卜算命工具，然而河圖洛書的精神，其在儒家思想中的影響，仍留在民間。

在華人的文化中，到處可見蛛絲馬跡，只是河圖洛書本義早已失傳，近代人又無從解祕，大家都忘了中華文化的特點，甚至說不清什麼是中華文化。

清朝對於河圖洛書的批判，以胡渭的《易圖明辨》最為精闢。認為討論河圖洛書之文獻，皆引據舊文，互相參證，以箝依託者之口，使學者知「圖書」之說，雖言之有故，執之成理，乃修煉、術數二家旁分「易學」之支流，而非做為「易」之根柢。

清朝大儒胡渭的看法，至今仍無重大改變。只要一談到《周易》，一提到河圖洛書，大部分的人就會想到占卜、算命、修煉、術數等玄學方向，而其對治國、平天下、人與人的相處，或人在不同環境下該何去何從等修身功夫，反被修煉成仙之說掩蓋了。

河圖洛書研究之近況

關於河圖洛書的研究，可以歸納出以下幾個方向：

一、**象數派**。胡渭在《易圖明辨》中認為，陳摶、劉牧所傳的河圖洛書是偽造的。在一九七七年安徽阜陽雙古堆一號墓，據推測為西漢汝陰侯的墓穴中，挖掘出許多簡牘，其中兩具占盤與洛書一致。

由此可確定陳摶、劉牧所傳之河圖及洛書，確實是漢朝以前就有的數圖。象數派終於戰勝由宋朝歐陽修領軍的疑古派，屹立不搖。

在許多資料與著作中，可以發現象數的研究已具有數字性和結構對稱性等明顯數學特點。

二、**義理派**。講究由外在形式了解內容，由表象來認識內涵。目前比較流行的古天象圖、古曆法、古羅盤，計算工具、算盤之原理，以及八卦、周易、六甲、九星、風水等均淵源於此。

三、**典則與變通之原理**。《周易・繫辭》：「**河出圖，洛出書，聖人則之。**」伏羲依河圖作八卦，是一些基本的天地、自然、科學、人文等規則與運用之原理。「易」依照字義來說，具有兩個重要意義：一為容易，二為變化。所以，《周易》

就是容易的典則與變通之原理，同樣的想法也可用在河圖洛書。

四、應用派。在算命、風水、術數、堪輿、占卜、仙術、氣功、內視等比較應用性的方向，從網路上可以查到的資料最多，也表示最廣為流行。

愈是神祕不易懂的東西，人們愈是有興趣。《周易》已經夠深奧難懂，好在還有孔子及後人為之注解。而河圖洛書本義，至今無人能懂，但也就更好運用，各式各樣的學說、邪說充斥市場，只要有人買帳就有人講，因此成就一片榮景。

然而也好在有這樣的一群人，才能將河圖洛書之古本保存下來，並在數千年來維持著探索熱度。

筆者並不反對算命、占卦、內視、仙術或氣功，只是要以實證的精神來做基本功。就拿最神奇的算命來說，本命、夫妻、子女、官祿、福德等分析，可以視為一個人的生理特質與心理特性等表現，有可能開發出比佛洛伊德「一切由性慾出發的現代心理學」更完備的生理心理學。氣功、仙術、內視也可能開發出另類的保健之道。但是一切要依據科學方法，不能裝神弄鬼！

五、外太空之物。第五種研究方向認為河圖洛書是外星人帶來的。我國近代數學大師華羅庚在研究河圖洛書之後，覺得這個圖案很有特色，提出洛書圖「可能做為地球文明和另一個星球交流媒介」的說法。而河圖洛書大師王永寬也認為，恐怕要等外星人來地球，運用他們更高的智慧，才能解答河圖洛書之謎。

PART
2

河圖洛書的內涵

河圖洛書的數字內藏玄密，
與領導人的思考和布局有關，
與大禹治水的成功有關，
沒想到與身體的器官構造也有關……
數字不只是數字，
只要能解開密碼，答案自然浮現。

4 數字能告訴我們什麼？

我們都知道電腦語言是由〇與一當做基礎，可以表達所有的數目、方程式、文字，甚至包括圖片等等。雖然數字的本身只是數字，但如果透過編輯給予定義，幾乎是無所不能。

但河圖洛書不是一個程式，即使八卦是應用二進位，也只用了二的三次方等於八，就是以三個陰陽（〇或一）來表達一、二、三、四和六、七、八、九，共八個數字（此處筆者刻意去掉五）。

寫方程式時最廣泛的定義為：y=f(x)

如果將y定義為力量，f(x)=mx，m為質量，x定義為加速度，就成了F=ma牛頓運動定律。此處x、y代表加速度與力量。其實x與y也可以是任何其他的物理量，而x與y是它們的代號或符號。

所以任何兩個物理量中，如有函數關係都可寫成$y=f(x)$，y是物理量一，x是物理量二。在各門各類的學科，都有相似的方程式來描寫兩個事物間的關係，而此時x與y是各該學科一個量的代號或符號。

數字在古代歷史上的重要記載

在東方，《老子》第四十二章中提出：「**道生一，一生二，二生三，三生萬物。**」又有傳為孔子所撰之《周易・繫辭》記載：「**易有太極，是生兩儀，兩儀生四象，四象生八卦。**」

西方歷史中，古希臘哲學家畢達格拉斯提出：「**一為構成萬物之基本元素，一形成點，二成為線，三成為面，四成為體，而體形成萬物。**」

洪範九疇中，一至九又代表不同的九個重大政策；摩西的十誡則代表上帝對人的十個約束。

所以，**數字能夠代表的意義，可以因為定義而有不同**。就像y與x，可以用來代表各種不同的量，組成不同的方程式。

●一組有特殊含義的數字

一、二、三、四、六、七、八、九是代表八卦的八個數；一、二、三、四、五、六、七、八、九、十是河圖用的十個數；一、二、三、四、五、六、七、八、九是洛書用的九個數。這三組圖象系出同源，應該是表達同一個特殊含義。

筆者在《氣的樂章》中曾提出，人類對一再重複的信號才有能力觀察，並加以分析。各個古老文化都有完善的曆法，就是最明確的例子。

就人類而言，與我們最密切且貼身、貼心的週期性信號，就是心跳；而心跳之週期性信號，最容易讓我們自己感覺到的就是脈波。

由中醫《內經》的記載，可知在《內經》之前，中國人對脈已經有豐富的了解。《內經》與《神農本草經》是古人長期觀察脈波、中藥與針灸後的總記錄，包括將中藥以對脈波的影響做治療功效的分類，以及施針後對脈波的改變狀況，分別記錄其重要性與功效。

但這個記錄與河圖洛書一樣，在長期傳承之中逐漸失真。尤其是陰陽五行的部分。心、肝、脾、肺、腎分屬火、木、土、金、水還沒大錯，但對應的數字也與河圖洛書一樣在傳承中流失了。就如同陰陽五行，一至五與五行之對應，就有好幾種版本，表示其中有誤差。

這些重複性信號有一個非常重要的特性，就是信號的組成頻率（頻譜），一定是由諧波組成。於是〇、一、二、三、四、五、六、七、八、九這些諧波數字，就有了更有趣而廣泛的意義。它可以適用於所有的週期性信號，描述絕大部分可以觀察、進一步分析的信號，因而諧波就成為一組有特殊含義的數字。

諧波是什麼

諧波是一個數學的名詞，但在此試著不用數學來解釋這個名詞。在原始的社會有三元論，即地、風、火或任何三元素；四元論，為地、風、水、火；或五元，如金、木、水、火、地；或六元論……總是想把世上的所有事物，由三至六個元素組合成功，這個想法原始而不能被證明。

但數學上有一個嚴格的公式：凡是週期性的事件，皆可由其諧波組合而成。所以，諧波就是任何週期性事件的組成元素。比較重要的可能有五個、七個……，例如血壓波（脈波），就由〇至十一，共十二個諧波元素組成。

這個諧波的精神，最簡單的形式是由正弦波（sin或cos）組成；而廣義的形式可推廣至任何數目的特定元素，但它們需要是互相垂直、不相干擾的元素，如氫原子之電子軌道。

心跳的週期性，大家都能親身體會，只要把手指放在任何淺層的動脈上，如手腕、大腿根部、頸部等位置的動脈，就能清楚感覺到自己心臟的跳動。放在別人的淺層動脈上也是如此。所以要確定人死了嗎？總是先摸頸動脈，再聽有沒有心跳。

古人所能觀察、了解分析的信號，如心跳、脈搏，皆可由諧波來分析。難道這是河圖洛書數字的祕密？

5 由血液循環的生理特性來看河圖洛書

心跳是我們最熟悉、最容易觀察分析，也了解最多的週期性信號。天體運行也有週期性，因此不難理解心跳與曆法都適用於諧波分析。而《內經》將人體比做小宇宙，由一、二、三、四、五……這些諧波數的角度來看，兩者非常相似。

《內經》是上古人類經由觀察分析自己脈波後所產生的醫學知識。這項知識可能在河圖洛書成書之年代也廣為人知。脈波的觀察分析，不需要高深的現代儀器，也不需要精準的測量，只要有靈敏的手指及冷靜的頭腦，就有可能得到很多發現。

就像河圖洛書流傳的過程一樣，這些遠古的聖賢將脈診發現教導給大家，經過幾次大災難的干擾，許多知識傳承雖然打了折扣，而長期七折八扣下來，《內經》還是留下許多文字，讓我們得以推敲求證，可是河圖洛書之意涵，就沒人能懂了。

形態發生學

今年二月間與王錫寧結識，他送了自己的著作《頸上人，頸下人》給筆者，書中以解剖學角度看人類身體發生之過程。雖然形態發生學在西方已有幾百年的發展，理論也很多，但書後所附的河圖洛書卻引起筆者極大興趣。王先生的看法是：**如果以結繩方式布置河圖與洛書之方位，當河圖與洛書拉扯後，可以表達一些形態發生學的過程**。

而筆者在《氣的樂章》中曾提到，胚胎的發生與生物演化是相似的過程，都是將較高頻之諧波逐漸加進來，以達成建構各個器官之組織，並發展出更高階的器官及功能。所以，胚胎的成長與生物演化十分相似，皆由諧波〇（心跳）產生諧波一

（肝），而後心與肝之相互作用生諧波二（腎），與諧波二作用生諧波三（脾）。到此是否覺得與老子之「**道生一，一生二，二生三，三生萬物**」似曾相識？

雖然在過去的書中，沒有提到這些比諧波三更高頻的諧波是如何產生？但十餘年來，這個問題一直在我腦子裡。其實還有另一個問題，也一直想不透澈，那就是**為什麼所有的動物，頭腦與泌尿生殖系統都在身體的兩端，而消化與呼吸系統在中間，這一定有什麼目前未知的規則**。因為從基因的作用及細胞相互的作用力，是無法想像這種大尺度的「規劃案」。將身體各種系統都放在最理想的位置，究竟是如何規劃的？引導的力量是什麼？

功能與位置的關係

首先，針對器官理想位置來做一些思考。呼吸及消化系統都是在維持全身運作的功能，將養分與氧氣吸收到身體裡面來，再輸送到全身各處去，所以這兩個系統放在身體中段是合理的——養分與氧氣的輸送，離全身各器官組織都不會太遠。

而頭腦是身體思考決策之所在，使用最多氧氣，產生最多廢熱，直接放在肺的上面，且放在身體最高處，如此一來，取得氧氣容易，當熱對流時，熱的流體往上，冷的向下，非常順暢。在頭上加裝耳朵，有如散熱片，讓頭腦產生的廢熱散發於空氣中，直接由沒長毛的臉及耳朵等散熱片釋出；而口、鼻也可算是散熱的鼓風機關，將身體與腦子的廢熱，利用呼吸作用加強送出體外。

泌尿系統將身體廢物隨小便排出體外，與消化道的肛門排便一樣，這些要排的廢物最好一下子就離開我們身體，不要流連，不要遲疑。因此，把這個系統放在身體的最下方，只要大便、小便拉出來了，自有地球的地心引力將它帶到地面，遠離身體，清理也方便。你能想像太空人在無重力狀態下，要怎麼大小便嗎？這可是個有趣的習題，就留給各位自己去找答案吧！

生殖系統為何也在最下端呢？針對這個問題，筆者試著提出幾個理由：

一、為了容納嬰兒在體內的生長空間。身體內可以容納一個五、六公斤以上的足月胎兒（胎兒加上羊水），除了下腹腔實在找不到其他空間了，這個位置既不妨礙呼吸與消化，也不影響腦子運作。

二、放在與腦子相反的位置。當腦部供血多，生殖系統供血就少，反之亦然。結婚、結婚，女生昏了頭就「婚」，漢字也真傳神。在現代節育技術發達以前，生兒育女是結婚的結果，慾望是結婚的動機。把這些器官放在頭腦的另一端，也算是個聰明的設計，讓人類可以生生不息。

三、空間節省。交歡與大小便這兩碼事不會同時進行。男性交歡時尿不出來，女性也一樣。在交歡時，這兩條通道及空間可以相互支援或共用；在女性生產時，則可以增加產道擴張空間，減少難產的機會。

身體器官與河圖的位置關係

我們先複習一下，在過去幾本書介紹過的研究發現。

一、各個器官（含經絡）之共振諧波：肝（一）、腎（二）、脾（三）、肺（四）、胃（五）、膽（六）、膀胱（七）、大腸（八）、三焦（九）、小腸（十）、心（十一）、心包（〇）。

二、二、四、六為下焦、中焦、上焦，所以二向下行，六向上行，而四居中。

▼ 人體器官與河圖數字位置示意圖

將各個器官與經絡的共振諧波之位置標於身體上，會發現其分布與河圖相同。

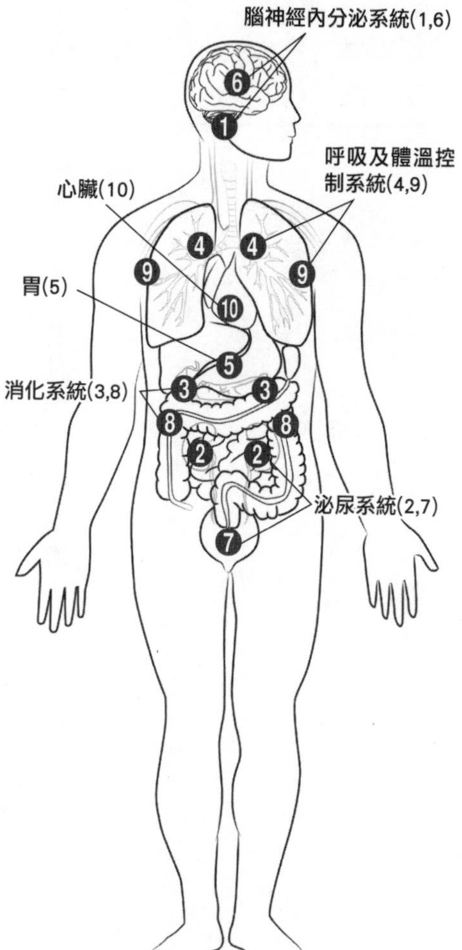

三、三、六、九為營衛氣，由營（三）之體內，走向衛（九）之體表。

接著以河圖之九宮格為參考，來做填數字的遊戲。

❶空白的九宮格，如圖一。

❷先把五填在中心位置，如圖二。也就是胃（五）像河圖一樣放在中間。

（圖一）

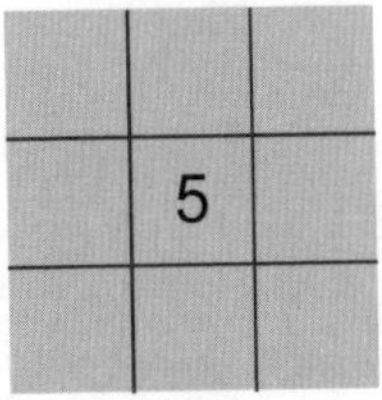

（圖二）

❸依二、四、六為下、中、上三焦之定義，把二、四、六也填進九宮格。由於五已佔據正中央，四就放在右欄中間。河圖慣以南為上，但我們配合人體頭在上的方向，以北為上，以南為下，故五上面寫六、下面填入二，如圖三。

❹再將三放入九宮格左欄的中間，因為三為營氣，與四同樣都在身體中間位置，如圖四。

	6	
	5	4
	2	

（圖三）

	6	
3	5	4
	2	

（圖四）

❺再依功能將其他器官經絡的諧波數也加進來。肝膽是一組的，膽經（六）是上頭面的主要經絡，而肝經（一）則主要送血給延腦、腦下垂體，上達百會穴。腦下垂體是所有內分泌的主控者，延腦是最原始的大腦，一與六填在上方，負責提供大腦及內分泌之供血，如圖五。

❻而腎與膀胱是泌尿系統（七）之組合，將七放置到下方，就成了圖六。

	1,6	
3	5	4
	2	

（圖五）

	1,6	
3	5	4
	2,7	

（圖六）

❼小腸是消化系統之一，也是以三為主，而脾主消化，包含了大部分小腸的功能，如胰臟、十二指腸等；消化系統另一個主角是大腸（八），把八與三放在一起就成了圖七。

❽剩下的九為三焦，也只能與四在一起，放在呼吸系統，就是最後完成的九宮格，如圖八。

	1,6	
3,8	5	4
	2,7	

（圖七）

	1,6	
3,8	5	4,9
	2,7	

（圖八）

九與四會放在一起，原因是九為三焦經，是全身之腠理，還有奇經八脈。肺主皮毛，人的皮膚本來就會呼吸，只是效率不如肺。

筆者在《以脈為師》書中曾介紹過，肺與三焦還有一個重要功能：兩經絡共同掌管排汗，管控體溫調節。因此，四、九這一組，對應呼吸系統及體溫之管控，是非常重要的。

接下來把最後完成的九宮格與河圖做個比較：

	1,6	
3,8	5	4,9
	2,7	

▲完成的九宮格

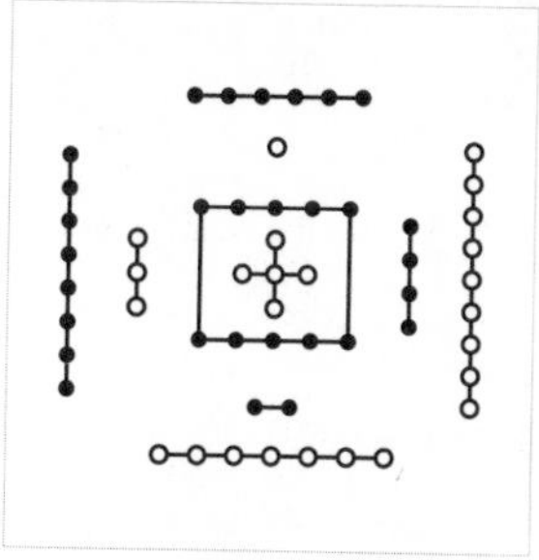

▲以南為下的河圖

吃驚吧！竟是一模一樣的排列。筆者第一次排出來時，也是這樣的感覺。河圖真的是有其意義，不是一個單純的數字九宮格。

6 河圖還告訴我們什麼？

在河圖的各種解說中，還有一個重要的說法。一、二、三、四為「生數」，六、七、八、九為「成數」。「生數」通過加五會變為「成數」，例如：

1+5=6

2+5=7

3+5=8

4+5=9

而原「生數」與「成數」在同位置。也就是說，一與六，二與七，三與八，四與九在相同位置。

諧波與胚胎的生成關係

我們來回憶一下諧波之生成胚胎發育的說法。

諧波〇（心臟）產生諧波一（肝），諧波〇與一產生諧波二，諧波二與〇產生諧波三。

而如果說諧波三與〇產生諧波四也是有可能的。因為諧波一與諧波二，也就是肝與腎，都是實心、充滿血液的內臟，在與主動脈交互作用後，很容易產生下一個高頻。

到了諧波三，包含脾、胰臟及肥厚的十二指腸。其中脾和胰都是實心的器官，而十二指腸也接近實心，所以要產生諧波四仍有可能，只是肺動脈由一組十幾條的動脈組成，上上下下拉長了十幾公分，還分別與主動脈接管。

而肺臟（四）並不算全部實心的臟器，由此看來，第五以上之諧波，就要用另外的方法來產生了。

●河圖會顯示答案嗎

諧波五與〇都是由心臟直接產生。

胃（五）是所有五臟六腑中與心臟最接近的器官，的確有可能由心臟直接產生，而不是由諧波四的肺臟來產生。當諧波五由心臟直接產生後，與第一諧波相加而成第六諧波，與第二諧波相加而成第七諧波，並同理形成第八和第九諧波。

這是河圖指示各個諧波真正生成的原理？目前我們無法確定，仍有待大家共同思考驗證的方法。

但是在此我們先做些合理的推論：

一、心臟狀況不良時，第一個減少供血的器官就是胃，這現象在《氣的樂章》書中就已經說明。所以說心臟直接產生第五諧波（胃），與此現象相符，對身體健康也有好處；在供血不足時，可降低食慾，以達減肥效果。

二、從算式中推論，一與六為一組，構成腦神經內分泌系統；二與七組成泌尿系統；三與八組成消化系統；四與九則組成呼吸及體溫控制系統。這種方式不但簡單，確實也與生理現象之有效性非常相符。筆者曾說過，如果發現一個生理現象，出乎想像的聰明有效時，要恭喜自己，因為對的機率很大。

$1 + 5 = 6$

腦神經內分泌系統

$2 + 5 = 7$

泌尿系統

$3 + 5 = 8$

消化系統

$4 + 5 = 9$

呼吸及體溫控制系統

因為一與六、二與七、三與八、四與九同源，在供血的掌控上，心臟之主控力道更強，當增加一時，可同時增加六；同樣增加二時，可同時增加七……。如此一來，各個系統供血調度由一、二、三、四主控，就能達成任務；而六、七、八、九皆屬腑，與人的思想和思考有關，也可由五統一做調節。

7 河圖、洛書與八卦

河圖與洛書都是用數字組成，其中有何差別？而洛書是如何演變成八卦的呢？把這三者分別比較後，很容易就能看出端倪。

●河圖與洛書差在「十」

主要差異在河圖的數字是由一至十，而洛書是由一至九組成。與循環系統做比較，河圖的十是與五重疊在一起，都在圖形的中央。與胃一起在中央的器官是哪一個呢？就是心臟。以十進位來看，這個十其實就是第〇諧波，也就是循環系統能量的來源。由這個差異來看，河圖是有一個週期性能量的來源，與五在一起時，這些諧波該如何分配？值得思考。

而洛書中沒有一個十在中央，也就是處於沒有一個心臟來提供週期性能源的狀態，只是將能量、水、物質集合起來。這個集合的能量或物質已不再有週期性能源來加強它。這是一個類似靜止的堰塞湖，或是放置大量財富、稻米等物質的倉庫。要如何由各種管道，平衡、平穩的流出去，或散發出去？仍待探究。

洛書如何變成八卦

把洛書與八卦放在一起看。

如果把一、二、三、四、六、七、八、九以二進位表達（〇至三加一成為一至四，而四至七加二成為六至九），再把左方的一、二、三、四、六、七、八、九，換成右邊陰（⚋）與陽（⚊）的二進位表達方式（〇至三加一，四至七加二），那麼洛書就變成了八卦。只是洛書多了一個中間的五。

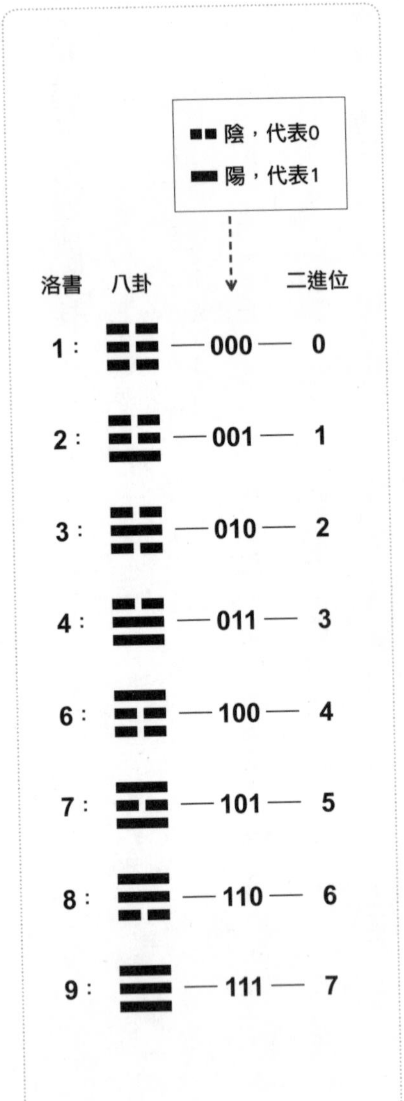

由此看來，八卦可直接由洛書轉變，也可說洛書就是八卦。但是為何八卦傳下來了，而洛書最後卻神祕兮兮地失蹤了呢？

其實道理很簡單，原因是「家天下的私心」。

這個「五」的位置，在洪範九疇中是皇帝的位子。洛書的資訊是治國平天下的大道理，當然也包含各階層、各行業之間百姓互動的原則及模範。

但是八卦把「五」拿掉了，只剩下指導百姓之間的互動原則及模範，這就是皇帝喜歡的東西了。

在《周易》成書時期，已歷經夏、商兩個朝代的家天下，其間經過了一千年左右，之後周文王才把八卦相疊成六十四卦，其中的知識與智慧仍精辟且豐富，但是已失去了中心的「五」。

早已失傳的《連山易》與《歸藏易》是在天下為公、禪讓領導人的年代產生，那時河圖洛書的知識應該還沒有因祕傳而消失。

依筆者推測，《連山易》與《歸藏易》才真正是由洛書演化，想必與洛書一樣，中央仍存在著「五」。這個知識可不能任由一般百姓知道，因此也與洛書一樣，至周朝就完全消失了。

孔子沒看到河圖洛書，更別說《連山易》或《歸藏易》。而孔子為《周易》做注解，也吸收了《周易》的總體精神，其生平心得皆收錄在經典中，成為儒家思想源頭。《周易》也同樣影響了老子，使其悟出了《道德經》，成為道家思想之開端。

但這些文化中，都缺少洛書中的「為五之道」。

孔子教人「**君君，臣臣，父父，子子**」，這些都是各盡其分的道理；所謂「**夫子之道，忠恕而已矣**」，也是人與人之間的相處之道。而老子教人一些另類思考，如「**大成若缺**」、「**大盈若沖**」、「**大直若屈**」、「**大辯若納**」、「**善者不辯**」、「**知者不博**」、「**為而不爭**」等，教一般百姓要明哲保身，做官就要「無為而治」，「小國寡民」則要安於平淡……，卻都沒有教人如何做個好皇帝或優質的領導人。也難怪中國歷代的皇帝，一代比一代殘暴，一代比一代貪婪，因為再沒有人教他們如何做個好皇帝了。

孔子的傳人孟子，當梁惠王問他：「**叟！不遠千里而來，亦將有以利吾國乎？**」孟子回答：「**王何必曰利，亦有仁義而已矣。**」滿口的仁義道德。

孟子的主張，與箕子回答周武王時所提出的洪範九疇，就有很大的不同了。

8 河圖的奧妙何在？

在進一步討論河圖之前，我們先來研究一下內燃機。

內燃機設計與河圖

內燃機的基本設計是由一個容器（汽缸）裝一個活塞，原始狀態如圖A。啟動時，首先輸入燃料至容器中，接著點燃燃料，產生推力，而推力會推動活塞，帶動連桿，轉動一個中心固定的曲軸，曲軸轉了半圈後的狀態如圖B。燃料之推力將圖A轉變成圖B狀態，然後將廢氣排出，曲軸又恢復圖A的狀態。再引進新的燃料，

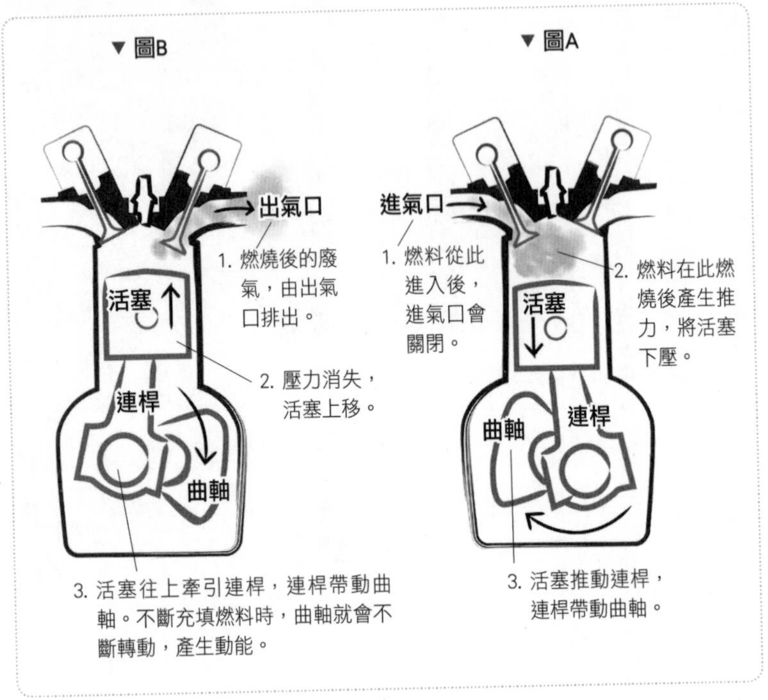
▼圖A
進氣口
1. 燃料從此進入後，進氣口會關閉。
2. 燃料在此燃燒後產生推力，將活塞下壓。
活塞
連桿
曲軸
3. 活塞推動連桿，連桿帶動曲軸。
▼圖B
出氣口
1. 燃燒後的廢氣，由出氣口排出。
活塞
2. 壓力消失，活塞上移。
連桿
曲軸
3. 活塞往上牽引連桿，連桿帶動曲軸。不斷充填燃料時，曲軸就會不斷轉動，產生動能。

再點燃一次……，如此重複動作。

內燃機的週期性動作為燃料點燃，推動活塞，活塞連動曲軸，同時排出燃燒後的廢氣，再引進新的燃料。如果只看活塞與容器（汽缸）部分，則是不停一上一下的來回做週期性運動；只看曲軸的話，就是不停的轉動。由此顯示，只要有足夠的燃料，週期性運動可以如環之無端，持續進行下去。

這就是單缸內燃機的運作原理。這個最簡單的內燃機，如果各方面設計得當，可推動一輛摩托車。只是這個單缸內燃機，振動非常大，也很容易熄火。

汽車工業不斷地進步，現在比較大的汽車都有八缸，就是有八個活塞與汽缸。由於有八個汽缸做接力，算起來每個汽缸只需負責推三百六十除以八的角度，也就是四十五度。

▼ 八缸引擎排列示意圖

現今較大的汽車引擎都有八個汽缸，其內部排列需要精心設計，有V型、W型等各種方式，使動作時能產生最大的效率，減少振動與耗損。

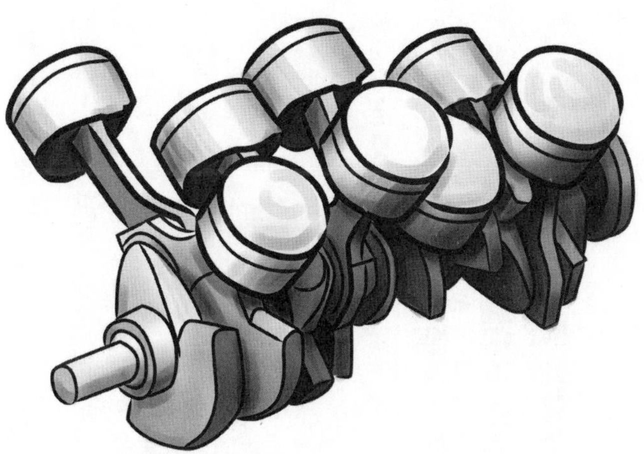

此時，八個缸如何擺放、點燃順序、燃燒時間等安排設計，就是一門大學問，需要有精密的計算和配置。如此一來，這八個缸一起推動汽車時，才會協調，以避免產生過大的振動。而這樣的設計，不僅可以降低油耗，也不會把車子震散了。

河圖是循環系統配置圖

在循環系統中，能量的來源是心，也就是河圖的十。

心臟以血液送出能量到每個需要的器官，而且要符合身體生理的需求。

心臟傳送血液的方式是以氣來作用，也就是以血液壓力之振動波來傳送血液，與前面所介紹的內燃機有些相似，也有振動要平衡的重要問題，否則效率將大大減損，這在生理現象是不容許發生的。何況心臟只有一．五瓦左右的能量，若無法讓能量分布得四平八穩，將會對身體產生可怕的影響。

經由以上分析，大家一定已聯想到河圖與心臟的關係——河圖應是心臟將週期性能量分配到全身的配置圖。這個血液分配的配置，不是依靠真正實體的各種開關，而是依照共振頻來分配。

在胚胎產生時，分配原則就已依河圖的原理配置。各個器官分別發育成長，將頭部之神經、內分泌系統長在上部，將泌尿、生殖系統長在下部，而消化系統生長在中部，呼吸及體溫調控系統也在中部。

發育完成後，仍要在總系統中做微調，以防止局部振動能量之聚集，產生不正常抖動，妨礙血液有效輸送，或無法傳送到部分器官。

在這個規劃中，「五」的位置特別重要。「五」不止在胚胎生成時，將一、二、三、四生成六、七、八、九，也在後來運作時發揮協調與平衡的作用，將血液按照各系統之需要，平穩地分送到各個系統、各個器官。不要造成貧富不均，也不允許局部能量過分集中，產生振動。

「五」的能量並不是最大，也不是九個數字中最小的一，或是最大的九。

「五」是我們老祖宗對領導人的期許與指導。

孔子的中庸之道，老子的不敢為天下先，也都符合「五」的精神。因為「五」是位於九個數字的中間。

「五」收集能量、積聚財富，並不是為了成就自己之大，而是站在中間位置，擔任協調、平衡的角色，分配資源，扶持弱者，振作衰亡。過程中，由於「五」的功能，不會誘發不穩定的振動，也就是不會發生動亂，不會造成對抗。

9 大禹依洛書治水是傳說嗎？

古代一些文獻中都記載，大禹是因為得到洛書，並依洛書的指導而治水成功。但依據洛書要如何治水？到今天仍沒人能說出個所以然。

探究史書中的蛛絲馬跡

我們先來看一下歷史上的相關記載，《史記・夏本紀》中記錄大禹治水的部分。

「禹乃遂與益、后稷奉帝命，命諸侯百姓與人徒以傅土，行山表木，定高山大

川。禹傷先人父鯀功之不成受誅，乃勞身焦思，居外十三年，過家門不敢入。薄衣食，致孝于鬼神。卑宮室，致費于溝淢。陸行乘車，水行乘船，泥行乘橇，山行乘檋。左準繩，右規矩，載四時，以開九州，通九道，陂九澤，度九山。令益予眾庶稻，可種卑濕……」

在《史記・夏本紀》這段記載中，明顯有著洛書的影子，「以開九州，通九道，陂九澤，度九山」，都是洛書中所強調的九。

《尚書・禹貢》中則描述了治水的區域。

「導河積石，至于龍門，南至于華陰，東至于底柱，又東至于孟津。東過洛汭，至于大伾；北過降水，至于大陸；又北播為九河，同為逆河，入于海。」

實際上大禹所做的治水工作，可以從上段文中看出在黃河流域一帶，黃河行水在孟津以上，夾於山谷之間，數千年來並沒有大幅度改變。孟津以下與洛水匯合，改向東北，經過現今河南省北部，接著北流至河北匯合降水（今漳水），一起北向流入邢台、鉅鹿以北的古代大陸澤中。此地古時有一大片沼澤，大禹將天上來之黃河水，先蓄集在此，接著開鑿了九條河道，順勢將大陸澤中之水引入大海。

細探大禹治水之方

由今日的防洪技術來看，大禹用了蓄洪池來治水。以大面積之沼澤、濕地，暫時存放黃河之水。再由九條河道，依照不同的設計，將黃河之水導入大海。（請參考次頁之「導河圖」）

只是開了九條河就能證明大禹依洛書治水了嗎？洛書的指導是要依照八種特性，將「五」所積蓄之水疏導出去。這個「五」，在此地可以是大陸澤中。如果只挖九條河，又有什麼了不起，也敢高攀洛書？

讓我們先仔細想一下洛書的本義，一至四、六至九是諧波，也就是設計這九條河所要根據的特徵，即本徵特性（Eigenfunktion）。

河道與河水有些什麼特徵或特性？讓我們一一探討。

一、河道：有寬窄、河床高低、流速快慢（河床斜度）的分別。

二、河水：有清（含砂石少）、濁（含砂石多）之

▼ 導河圖

《禹貢錐指》為清初學者胡渭整理歷朝有關〈禹貢〉之資料與注解，重新比較考證後的可貴文獻，其中〈導河圖〉可看出大禹治水的原理。

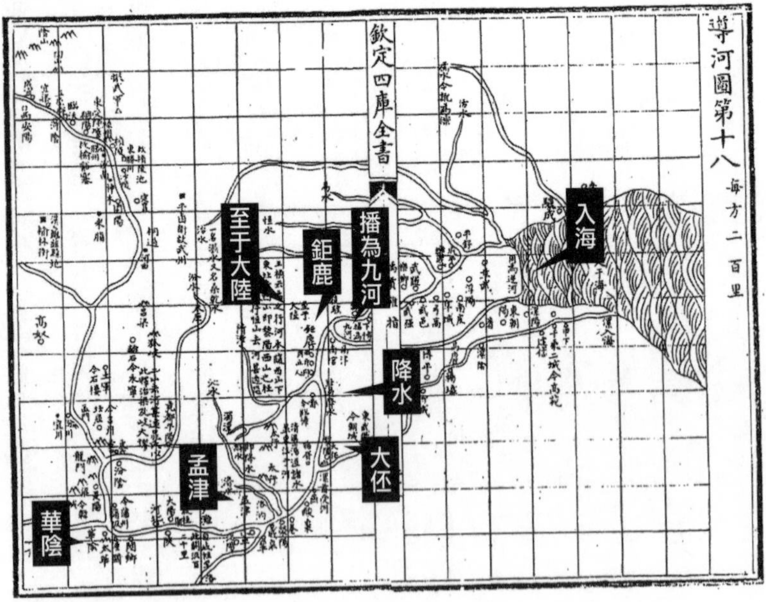

分。內含砂石還有大小之分或含泥的特徵。

三、是否有倒流的狀況，如河水倒灌、江水側流。

所謂九河，其實是八條河，因為「五」之功能是水源或蓄水池。所謂八條河，推測洛書的本義，或許是考慮八種特徵或八個主要特性。

但是大禹治水的原址，如今已是幾度滄海桑田，面目全非，就連蛛絲馬跡也不可得了。

我們找不到大禹的工程，可是能不能找些與大禹時代最接近的水利工程，來做為研究考據的參考？

都江堰

都江堰是秦昭襄王五十一年（西元前二百五十六年），李冰為蜀郡守時所主持修建，以根絕此地頻仍之水旱災害。經過兩千兩百多年不斷維修及擴建，一直發揮防洪、灌溉和航運功能，因而成都平原以「沃野千里」著稱，更被形容為「水旱從人，不知飢饉，時無荒年，天下謂之天府也」。

雖然都江堰歷經兩千多年來多次修建，而形成近代的規模，但其基本技術及原理並無區別，變化者只有增建或擴充小型渠堰而已。

在此將都江堰的工程原理簡述於下：

▼都江堰工程原理示意圖

《禹貢錐指》為清初學者胡渭整理歷朝有關〈禹貢〉之資料與注解，重新比較考證後的可貴文獻，其中〈導河圖〉可看出大禹治水的原理。

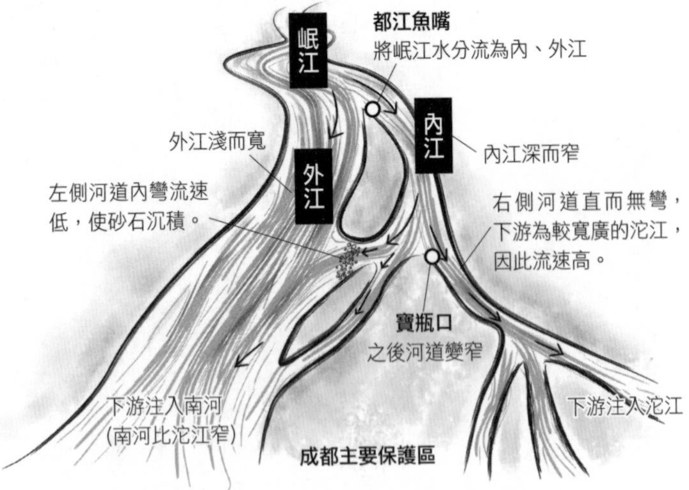

首先是**都江魚嘴**（魚嘴分水堤），將岷江之水一分為二，分成內、外江。外江為正流，內、外江之間堆石為淺牆。夏季水漲，內江水會溢出石堆，流至外江。如水量更大，則以閘門調控，降低流入內江之水量。

內江深而窄，外江淺而寬。所以水位低時，岷江之水大多流入內江供灌溉；水位高時則溢出至外江。外江寬大可容納大量江水注入，不會使水位升高太多，因此不論岷江水量多寡，皆能維持內江之水量，一方面保持灌溉水源不虞匱乏，另一方面可以避免氾濫。

岷江水經內江往下流時，會面對另一分水結構——**寶瓶口**，此處河道變窄，故其上游流速變慢，而上游有一轉彎，在向內彎的方向流速更緩，造成砂石沉積；當內江水位較高、流量較大時，會將砂石推過飛沙堰，由較寬且淺的外江將之帶走，不會沉積在內江深且窄的河道中。

都江堰興建同時，四川還建有現存之官渠堰灌溉區和沱江灌溉區。從《華陽國志・蜀志》中有關李冰的記載，也發現李冰還曾主持其他的水利工程。

「又導洛通山，洛水或出瀑口，經什邡、郫，別江會新都大渡。又有綿水，出紫巖山，經綿竹入洛，東流過資中，會江陽，皆灌溉稻田，膏潤稼穡。是以蜀川人稱郫、繁曰膏腴，綿、洛為浸沃也。」

導洛工程也是李冰所做，那麼這種工法是不是只有李冰才會呢？其實，在秦始皇二十年（西元前二一九年），另有一項水利工程——靈渠，同樣顯示了古人優秀的治水能力。

秦始皇滅六國後，為運送物資前往嶺南一帶，命史祿開鑿運河，以溝通湘江與漓江。史祿使用鏵嘴做分水設施，再由大、小天平平衡分流之後的水量，這些與李冰的工程構想是一致的。而為了緩和流速，在北渠做了三個「S」形大轉彎；為求河水淺處亦可行船，設有閘門，將河水分段提高，讓船隻分階段通過閘門，如同今日蘇伊士運河一樣，因此**靈渠可說是世界上最早的運河通航設備**。

在兩千多年以前，我國的水利工程就已如此發達，足以見證古人對治水的思考邏輯，而且當時這種思考非常普及。

再看看之前所歸納的治水主要考慮要素：

一、河道之寬窄。

二、河床之高低。

三、流速之快慢（河床斜度）。

四、水清（含砂石少）與水濁（含砂石多）。

五、是否倒流、側流。

綜合以上對都江堰與靈渠的分析，不得不相信在周朝、秦朝以前，中國人治水就考慮了河道與河水的相關特性，並具體地建造了許多以疏浚為主的水利工程，至今仍有多處還在繼續使用。而這些知識來自何處？

介紹至此，你也該同意「大禹依洛書而治水」恐怕不只是傳說吧！

PART
3

河圖洛書面面觀

河圖洛書表面上似乎消失，
但卻在地下文化中復甦，
細探中華文化歷史發展，
從文學、科學、哲學、宗教中淘洗精華，
河圖洛書的影子就隱藏在其間，
只是沒有被發現。

10 中華文化之流

中華文化之源頭河圖洛書，是在七、八千年前湧出的清泉，漸漸匯集成文化長河。先是孕育了伏羲之八卦，接著神農的《連山易》及農業、醫藥；黃帝的《歸藏易》及各種工藝；大禹依洛書治水，並將行諸三千年的禪讓制度變成家天下；周文王將八卦演繹為六十四卦，寫成今日流傳之《周易》，成為文化的發源起始。到此河圖洛書一直是文化的主流。

先秦諸子是現代史學家眼中文化大爆發的世代。其實是因為河圖洛書的器物與本義的流失，使知識分子有如在沙漠中行走，沒有路標，沒有一定的方向，各走各的路，因而走出了諸子百家。結果一人一把號，各吹各的調。

●兩漢經學，收編讖緯

到了**兩漢之經學世代，表面上看是六經之學為主，但卻是讖緯之學大流行的時代**，解經者與讖緯為之。

筆者認為讖之文化是發源於甲骨文，以動物骨頭、龜甲，經火烤產生之裂紋來做預言或占卜。

這與張衡、班固對讖之定義——立言於前，有徵於後——如出一轍。

經學時期有王莽以讖緯得天下，而光武帝劉秀又以讖緯奪回天下，使讖緯成為顯學，一時各種讖書、圖讖四起，只好由皇帝出面整合，於是有了**白虎觀會議，將讖緯之學國教化與神化**。

這些官定的圖讖一直把河圖洛書奉為靈篇，班固詩云：「啟靈篇兮披瑞圖。」此靈篇就是指河圖洛書。在《經義考》中也有句「河洛之書，謂之靈篇」。靈篇是神靈之書，是所有類型的讖中地位最高者，而今廟宇中抽籤（讖）的文化應是由此而來，也稱靈讖。

在這段期間有兩個人的學說，有特別重大的影響力：

一、**鄭玄：**引緯注經，引經說緯，兩者皆引明文，將經與緯加以融合，界線變得模糊，一時君王提倡，學者競傳，且特別闡述陰陽家的學說，於陰陽五行、天文、星曆等多所論述。

鄭玄不僅將易緯、書緯等各種緯書納於儒家正統，並建立緯與經的同等地位。經緯度是標示地球表面位置之基準線，而經緯之學也正是此義。更重要的是，將鄒衍等陰陽家及《呂氏春秋》、《淮南子》等學說與著作也收納進來，成為儒家學說的一部分。

二、**董仲舒：**治《公羊春秋》，將陰陽五行導入儒家宗法，提出五行治國論，著有《春秋繁露》，提出天的概念，如「天人感應」、「天人合一」。**其天命之說，以河圖洛書來神化過往皇帝，認為君王是得之天命，與西方君權神授如出一轍，也是中華文化對老天爺崇拜的開始。**

其實董仲舒一開始也很尊崇孔孟，像孔子一樣「**君君，臣臣，父父，子子**」，把君王與百姓一起規範；如孟子般「**民為貴，社稷次之，君為輕**」；也受到老子「**道法自然**」的影響。所以，董仲舒的「天」，與老子的「自然」有幾分神似，連君王也得遵守。

在這樣的背景下，董仲舒在《春秋繁露》提出：「**天子不能奉天之命，則廢而稱公**。」這個闡述被漢武帝知道後，幾乎要了董仲舒的老命。雖然說儒家源自孔子，但只要不符合皇帝的意思，以及維持權力的需要，就會立刻轉彎。不論語出莊子、孔子、孟子，終究還是皇帝老子說的話才算數。

而漢朝講求尊師重道，董仲舒的學生又多，也不敢隨便改變董仲舒的原意，所以陰陽五行與「天」之思想，便如水銀瀉地，在中華文化中漸成主流。

在此時期，**儒家文化的各個門派都逐漸融合，也收編了讖緯等陰陽家。如此融合匯通的結果，也是河圖洛書精神的具體表現**。

其間以馬融《三傳異同說》、鄭玄《三禮注》、許慎《五經異義》、白虎觀會議之《白虎通義》等著作，引領以後的學者兼治、兼注多家經說。

魏晉玄學，以玄釋儒

魏晉時期之前，經過三國動盪、黃巾之亂，中央集權瓦解。漢武帝假董仲舒之手所建立之天道正統思想，士人盡忠於皇帝，視鞏固政權為己任的想法漸漸崩解。因此，改朝換代後，不再講究立足於「以禮義化民」、「受君之重位，牧天之所愛」這些道理。

司馬氏奪權後「同日殺戮，名士減半」，加上外戚宦官「竊取朝政，臨逼主上，淆亂君臣之義」，大儒楊震等人皆因進諫陳詞而被脅迫服藥自殺……。對擁護朝綱的知識分子而言，經過一次次的失望，最後選擇放棄儒家的天命論，公開反對「神學之目的論」。

自然、無為之老莊思想逐漸抬頭，崇尚貴生、避世的觀念，全性保真。以天即道，道法自然，名教本於自然，名教為「有」，自然為「無」等論述，解釋老子之「有」、「無」，並融合董仲舒所提之「天」，成為玄學。代表性人物有王弼、何晏，並稱「王何」。王弼所提出的「**玄者，物之極也**」、「**玄者，冥也，默然無有也**」，都是代表性名言。

此時將《老子》、《莊子》、《周易》稱為三玄。王弼的《論語釋疑》中，以三玄解釋儒家思想，將儒道思想融合，而其他著作有《周易注》、《老子注》、《周易略例》等。何晏的著作傳世較少，較著名的為《論語集解》。

這個時期士族個性自由也開放，一面以名士之姿暢談「形而上」之學，一面放蕩形骸自行享樂。中華文化流傳至此，又添入了不少新元素。

● 地下玄學，金篆玉函

前面所述，是「地上」士人的玄學，其實此時期玄學的「地下」活動，更是蓬勃發展。

據說《金篆玉函》是九天玄女授於黃帝之後，所傳下來的祕籍。此後傳說中的傳人，有周公、蘇秦、張儀、孫臏、龐涓、張良、諸葛亮、朱熹、劉伯溫、曾國藩等人，都是歷史上的傳奇人物，更神化了這個祕籍。

筆者認為，託黃帝之名的文件、著作，多少都與河圖洛書有關。

如黃帝《內經》應是漢朝以前所有醫學知識之總匯，其中之中醫特色「經絡理論」與河圖洛書精神完全相合。其他如曆法，天文、音律、陣法、製鼓……也都由黃帝「發明」。

「地下」玄學在魏晉時期是地下文化的主流，而《金篆玉函》包含玄學五術：山、醫、命、卜、相。

山：分玄典、養生、修密三部分。玄典為各種經典，用來參悟宇宙之道理；養生包括長壽之功法，如氣功、練丹等；修密是咒法、祈星法、武術等。山的流傳不及其他四項。

醫：分方劑、針灸、靈療。由仙人長桑君傳與扁鵲神醫妙術。其導引術至今仍有傳人，而扁鵲也為脈學之始祖。

命：這一支流傳最廣，還可細分支派，如占星術（果老星宗、星平會海、紫微斗數、五星術等）和干支術（四柱八字、河洛理數、鐵板神數等），而現代之算命法更不下十數分支。

卜：三國諸葛亮、唐李淳風、宋邵康節、明劉伯溫都是卜卦名人，卜卦由《周易》演化而來，如梅花易數、納甲斷易、六壬神課、太乙神數等，另包含預占、占夢、測字、姓名學。此支與兩漢讖緯文化有關聯，兩漢時期曾浮出地上，至兩漢之後又轉入地下。這些名人都有出名的預言，如李淳風的《推背圖》、劉伯溫的《燒餅歌》。

相：手相、面相、體相、摸骨、痣相，如麻衣神相、觀人於微、相理衡真等；還有地相，如風水學之三元法、三合法、九星法等。據傳曾國藩傳承識人之祕，不但成為觀相一代宗師，還著有《冰鑑》一書，至今仍具影響力。

這個地下玄學，參與人數之眾，對後世影響遠遠大於地上之老莊玄學。這也是對專制皇帝莫可奈何的抵制與沉默抗議。

隋唐佛學，中國化的轉變

佛教自漢朝傳入中國，當時讖緯當道，只被視為九十六種道術中之一種，並未成為主流文化。

在魏晉時期興盛之玄學，為佛學鋪好了路。這些世家子弟由玄談有無、名教與自然，其間經過了「格義」與「六家七宗」。

「格義」是由老莊等中國固有文化來解釋佛教，其後轉譯「毗曇」，為佛教思想重新定義。而佛教的義學發展成為「般若」，因為對般若學說的理解不同，產生「六家七宗」不同支派。後來更分為八宗、十宗、十三宗，其中天台、華嚴、法相是最大的三個宗派。天台宗與華嚴宗為漢化之佛教，而法相宗又稱唯識宗，則保留較多印度之原汁原味。

佛教傳來中國，很快就抓住百姓的心，使中國原有的經史之學受到絕大衝擊；加上三大宗派建有大量寺廟，收藏經典，供養僧人，佛教勢力相當龐大。於是聰明如武則天，首先利用華嚴宗《大雲經》為女主受命之符讖，表示自己是彌勒佛下凡，以為她的奪大位合理化。此外，武則天更為推動「革命」、「惟新」而表彰佛教，尤其是禪宗與華嚴宗。這是佛教的最盛時代。

到了唐武宗毀寺滅佛，這三個家大業大的宗派便成為標的，首蒙其害，受傷慘重。反而是淨土宗與禪宗，因為廣植民心，又沒有雄偉寺廟，成了毀佛之後的兩大宗派。

此後，佛教走回民間。士人接受禪宗，而一般百姓接受淨土宗，佛教對文化之影響，便以此二宗為重。

禪宗：始祖達摩，如今到處可見達摩木刻、塑像，可見其民間高知名度。唐朝時，北宗被定為佛門正宗，以神秀最為榮顯，有「兩京法主，三帝國師」之譽，並由武則天迎請入京拜見；而南宗六祖慧能則因南方世族之崇尚而成為主流。

此宗不讀經典，主張不立文字，以心傳心。在義理上全盤中國化，結合儒、道，追求真善美與抑惡揚善等道德理念，主張四大弘願（眾生無邊誓願度、煩惱無盡誓願斷、法門無量誓願學、佛道無上誓願成），提出無念、無住、無相之三無論，以及不著相之修道方法。禪宗為地上文化，而後成就儒、道、佛三教合一的宋明理學。

淨土宗：由東晉佛教僧人慧遠所倡。慧遠為雁門人，早年博覽六經，擅老莊，二十歲拜師道安，專心佛教。後奉師命南下廬山，此後結廬於山中，三十餘年足不出戶，門前朝野人士絡繹不絕。西元四〇二年，集「息心貞信之士，百有二十三人」於阿彌陀佛前立誓，其期往生西方所結之社為白蓮社或蓮社，為淨土宗之始。

主要理念一方面是把握佛教本義，一方面與儒、道政治倫理及空無哲學結合，並引入西方（印度）音律及圖畫。淨土宗提出佛教兩大任務：一、處俗弘教（就是在家做居士）；二、出家修道。此後成為佛教在中國發展兩大方向。

淨土宗二祖善導提出淨土思想與稱名念佛法門，是佛教史上的重大里程碑，例如民間演唱、頌經，以及講求文學、圖畫、音樂等，成為淨土宗的信仰特徵。日後此法門為其他各宗所共同採用，成為在基層群眾中最廣為流行之佛教分支，並滲入其他各宗之中。

宋明期間，淨土宗與轉入地下文化之玄學及山、醫、卜、命、相結合，成了以後民間信仰的主流文化。

到了宋朝以後，吳郡昆山僧人茅子元（法名慈照）在盛行的淨土結社基礎上，創立新的淨土宗支派——白蓮宗，後演變為白蓮教，發動過多次民變，是佛教、道教外之重要宗教。

其中在清嘉慶年間，農民起義，參加者數十萬，前後持續九年多，可以說是千餘年來各種「異端」、「左道」、「邪教」之集合。

白蓮教徒活動時，會稱頌一些口號。這些口號，充滿了兩漢讖的特性。例如：

黑暗即將過去，光明將要到來。

日月復來。

由於日月兩字合起來是明，很清楚暗示可能與光明教和反清復明有關。

聖女降臨，白蓮重生！
白蓮花開，明王出世，彌勒降生。

這文中則是有武則天的影子。

山童，宋徽宗八世孫，當主中國。
山河奄有中華地，日月重開大宋天。

很明顯為反元復宋的口號。

官逼民反。

真空家鄉，無生父母。

搉富益貧。

這則是基層百姓的心酸與無奈，也是因為生活困苦，百姓很容易被煽動，揭竿起義，並且崇拜迷信。

扶清滅洋。

這就如同義和拳一樣。其他還有各種匪夷所思的口號，魅惑當時人心。例如：

蒼天已死，黃天當立，歲在甲子，天下大吉。

大劫在遇，天地皆暗，日月無光。

黃天將死，蒼天將生。
世界必一大變。
天下當大亂，彌勒佛下生。
彌勒佛下生，明王出世。
換乾坤，換世界。
白蓮下凡，萬民翻身。
淤泥源自混沌啟，白蓮一現盛世舉。
紅陽劫盡，白陽當興。
白蓮潔焰，聖女降臨，光復明宗，一統江湖！

這個由基層農民組織之團體，雖由佛教淨土宗衍生而出，已更進一步的中國化，只剩彌勒佛是借自佛教之佛，而白蓮則來自慧遠的白蓮社。這個更本土化、更基層化、更地下化的文化，由宋朝開始就不斷擴大範圍，白蓮教只是其中較大的一支，僅次於佛、道教。其實這種文化也同時滲透了佛、道，甚至儒教，而成就今日的民俗信仰。

由隋唐佛教之催化，將中華文化進一步兩極化，地上之士人為禪宗，而地下之農民百姓為淨土宗，都與儒、道充分融合。

宋明理學

在宋明理學中，周敦頤以「道」為核心，邵雍以「數」為核心，繼之有氣學派（張橫渠、羅欽順、王夫之）、理學派（程顥、程頤、朱熹）、心學派（陸九淵、王陽明）、事功學派（陳亮、葉適）。

這些理論中，周敦頤、邵雍為創始人，以太極為核心，認為世上所有皆由太極而來。周敦頤所著《太極圖說》、《通書》，以及邵雍的《先天圖》、《皇極經世》，皆在講述陰陽五行之理，為理學之大綱。

顏元站在儒家正統思想的角度來看理學，他的評價為：

秦火之後，漢儒掇拾遺文，遂誤為訓詁之學。晉人又誣為清談，漢唐又流為佛老，至宋而加甚矣。僕嘗有言，訓詁、清談、禪宗、鄉愿，有一皆足以惑世誣民，而宋人兼之，烏得不晦聖道誤蒼生至此也！

接著，對「宋」這個時代及朱熹做更深入的分析。

五代末年陳摶與北宋劉牧將河圖洛書再現天日。由地下的流傳，走到地上來，看起來該是河圖洛書復興的大好機會。其實卻適得其反。

河圖洛書雖然出現，先後由陳摶、劉牧得之，但這兩人皆未能成為聖主明君，河圖洛書的神聖地位也就如同巨星落地，不再閃亮。河圖洛書喪失了指標性地位，甚至還連累了烏龜注，這可怎麼辦？

於是周敦頤、邵雍就以太極圖取代河圖洛書的地位，當做儒家的代表性圖騰，提出一切皆由太極而來，並將陰陽五行學說做為所有說理的基礎。

朱熹本是周敦頤的傳人，照說應該將祖師爺傳下的「太極圖」奉為聖旨，全盤遵守，並且發揚光大。可是他在《周易本義》中卻是明確指出：《周易》出自河圖洛書。究竟朱熹是哪裡來的膽識，敢做此違背師祖之事？

注：因洛書由龜背出，烏龜在唐朝以前是吉祥動物。但宋朝河圖洛書圖案浮到地上，失去其神聖地位後，從此烏龜也不再是祥瑞之物。在日本，因文化系由唐代引入，至今以龜為姓、以龜為名仍十分普遍。

▼ 太極圖

周敦頤為此撰寫《太極圖說》，解說太極的奧祕與演進，結合了儒道思想。

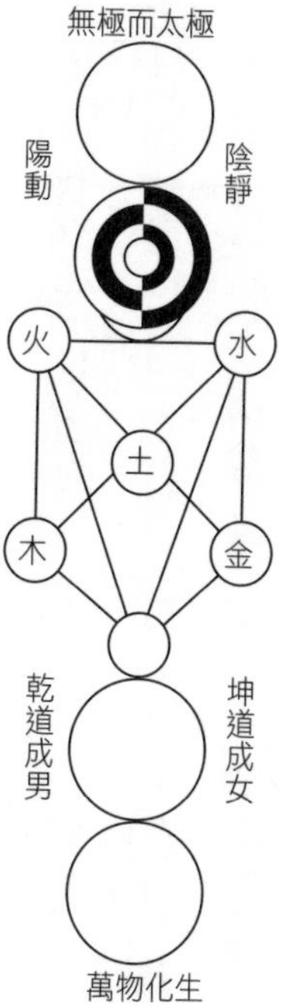

▼ 太極兩儀圖

以陰陽兩極簡潔地表現出萬物創始之意涵，也是目前大眾所熟知的太極圖騰。

在本章前面討論到《金篆玉函》時，筆者曾指出朱熹也是《金篆玉函》的傳人，所以當河圖洛書出世之後，朱熹不顧歐陽修領軍的疑古派，也不遵照師祖所提倡的太極圖說，毅然決然把河圖洛書當做是《周易》的來源，而《周易》是儒家各種思想之出處。

朱熹後來在注解《四書》時，由於是以《金篆玉函》中所記載河圖洛書之精神為依據，因而減少了讖緯、玄學、佛學的色彩，所以就會比較接近孔孟思想的原汁原味。

而朱熹所注《四書》至今仍被引用為正解，也就確定了朱熹在中國文化史中，位於孔、孟之下，排名老三的地位。

元、清都是異族統治，多信仰佛教，也不提倡正統禮教，以免自打嘴巴，妨害了統治的正當性。當時的士人只好做些考證、訓詁的工作；民間則是白蓮教、紅燈照、太平天國、大刀會等各種民俗信仰蓬勃發展。從前面所述之白蓮教口號中，可看出有時更打著反元、反清的旗號做為號召。

義和拳興起之解析

因為河圖表達五行相生，洛書排列五行相剋，朱熹在研究河圖洛書時，接受了陰陽五行之說。於是，陰陽五行之說開始流行在整個國家。

知識分子之間，做官就貪贓枉法，謀一己之利益；在野就研究陰陽五行，修仙道、談養生，求一己之福分。自己都已是滿口胡言，對於民間這些邪門歪道也是將信將疑。到了慈禧當政期間，士人的志節及國家、民族觀念早已消磨殆盡，只要慈禧贊成，絕對沒人反對。

民初新文化運動發起人之一，也是五四運動的精神領袖陳獨秀，曾經在〈克林德碑〉一文中剖析義和拳興起的原因：

第一是道教。義和拳真正的匪魁，就是從張道陵一直到現在的天師。道教出于方士，方士出于陰陽家。

此處陳獨秀所說之道教，並不是指道家，他認為道教是過去造成義和拳的原因之一，並且指出：

一切陰陽、五行、吉凶、災祥、生剋、畫符、念咒、奇門、遁甲、吞刀、吐火、飛沙、走石、算命、卜卦、煉丹、出神、采陰、補氣、圓光、呼風、喚雨、求晴、求雨、招魂、捉鬼、拿妖、降神、扶乩、靜坐、設壇、授法、風水、讖語，……種種迷信邪說，普遍社會，都是歷代陰陽家、方士、道士造成的。義和拳就是全社會種種迷信邪說的結晶，所以彼等開口便稱奉了玉皇大帝敕命來滅洋人也。

第二個原因，他認為是佛教的迷信部分，且分成兩方面來說：

佛教造成義和拳，有兩方面：一方面是佛教哲理，承認有超物質的靈魂世界，且承認超物質的世界有絕大威權，可以左右這虛幻的物質世界。超物質的世界果有此種威權，義和拳便有存在的餘地了。一方面是大日如來教（即祕密宗）種種神通的迷信，也是造成義和拳的重要分子。所以義和拳所請的神，也把達濟、濟顛和《西遊記》上的唐僧等一班人都拉進去了。

第三個原因，就是孔教。

《春秋》大義，無非是「尊王攘夷」四個大字。義和拳所標榜的「扶清滅洋」，豈不和「尊王攘夷」是一樣的意思嗎？

陳獨秀提出的第四個原因，則是儒、釋、道三教合一，舞台上天兵天將滿場跑的中國戲劇。

這「臉譜」、「打把子」的中國戲劇，不是演那孔教的忠孝節義，便是裝那釋、道教的神仙鬼怪；有時觀音、土地和天兵天將出來搭救那忠孝節義的人，更算得三教同歸了。義和拳所請的神，多半是戲中「打把子」、「打臉」的好漢，若關羽、張飛、趙雲、孫悟空、黃三太、黃天霸等是也。津、京、奉戲劇特盛，所以義和拳格外容易流傳。義和拳神來之時，言語摹仿戲上的說白，行動摹仿戲上的台步，這是當時京、津、奉的人親眼所見，非是鄙人信口開河罷！

第五個原因是守舊黨仇視新學，妄自尊大。陳獨秀認為那也是導火線。

庚子事變，雖是西太后和載漪因為廢立的事仇恨各國公使，然還是少數。當時政府中人，因為新舊之爭，主張縱匪仇洋者，實居十之八九，徐桐、剛毅、啟秀，其代表也。這班人不知西洋文明為何物，守著歷代相傳保存國粹妄自尊大的舊思想，以為我們中華大國先聖先賢的綱常禮教，燦然大備，那外洋各國的夷人算得什麼。戊戌年康、梁主張效法西洋，改變舊法，被舊黨推倒，也就是這個緣故。所以戊戌年譚、林等六人被逮時，西太后召見刑部尚書趙舒翹命嚴究其事，趙對曰：「此等無父無君的禽獸，（康有為聽者！）殺無赦，不必問供。」他們眼裡，以各國夷人不懂得中國聖賢的綱常禮教，都是禽獸，至於附和而且主張效法那禽獸的中國人，不更可殺嗎？所以他們戊戌年將一班附和禽獸的新黨殺盡趕盡，還不痛快；到了庚子年，有了保存國粹三教合一的義和拳出來，要殺盡禽獸，他這班理學名臣，自然十分痛快，以為是根本解決了。

陳獨秀這五點分析非常精闢，前三因為遠因，第四因為庶民文化，第五則是近因。而且，陳獨秀對我國文化史的觀察與筆者不謀而合。中華文化由河圖洛書這個清澈的源頭，怎會淪落至此，成為臭不可聞的義和拳文化？

這個議題，在中國近代一直成為士人心中的大痛、沉痛、隱痛，又時而發為劇痛、陣痛。總之，痛！痛！痛！痛！痛！痛！痛！

依筆者看來，自清以後士人在兩個方向找尋答案：

一、**唯物辯證法**：一切以科學證據論事、做事，徹底清除迷信、妄想、幻想，引用馬列主義為理論根據。

二、**新儒學**：這個文化活動在民國初年及蔣中正遷台後，盛行於台灣和香港等地區，企圖為中華文化在優勢的西方文化下找到一條新出路。在此介紹有關新儒學的三個觀點：

❶牟宗三：希望**將宋明理學與康德之自由思想融通**。這個論點，朱熹後人朱高正在其所著《由康德到朱熹》一書中，曾作深入的剖析，很有參考價值。

❷安樂哲、郝大維：希望**與「杜威」的民主思想，美式之實用主義匯通**，以補充原有儒家思想之不足。

❸熊十力：熊為新儒家之首創者，筆者認為他的見解最為精準。他**認為孔子提出的才是真正的民主思想**。在〈禮運大同篇〉中所論之大同之治，群龍無首，所有百姓皆有士君子之行，這就是最高境界的民主政治。

熊十力的見解果然有十力。他已察覺依據《周易》衍生的孔子思想及文化，是沒有領導人的。也就是河圖洛書文化拿掉了中央的「五」。這個「五」，才是教人做領導人的道理。

在沒有「五」的文化中，自然群龍無首。

義和拳的興起

因義和拳無故殺了德國公使克林德，清廷於是建了克林德碑向德國賠罪，令當時士人引以為國恥。陳獨秀寫這篇〈克林德碑〉，即在解析此事件的來龍去脈，並探討義和拳的興起。文章一開始，陳獨秀以羅惇曧氏談庚子國變的過程來介紹義和拳，在此摘錄於後，希望讀者藉此可以更深入認識義和拳。

義和拳源于八卦教，起于山東堂邑縣，舊名義和會，東撫捕之急，潛入直隸河間景州獻縣。乾字拳先發，坎字繼之。坎字拳蔓延滄州、靜海間，白溝河之張德成為之魁，設壇于靜海屬之獨流鎮，稱天下第一壇，遂為天津之禍。乾字拳由景州蔓延于深州、冀州，而淶州，而定興、固安，以入京師。天津、北京拳匪本分二系，皆出於義和會，此後皆稱義和團。……京師從授法者，教師附其耳咒之，詞曰：「請志心歸命禮，奉請龍王三太子、馬朝師、馬繼朝師、天光老師、地光老師、日光老師、月光老師、長棍老師、短棍老師。」要請神仙某，隨意呼一古人，則孫悟空、豬八戒、楊戩、武松、黃天霸，等也。又一咒云：「快馬一鞭，西山老君，一指天門動，一指地門開，要學武藝，請仙師來。」一咒云：「天靈靈，地靈靈，奉請祖師來顯靈。一請唐僧、豬八戒，二請沙僧、孫悟空，三請二郎來顯聖，四請馬超、黃漢升，五請濟顛我佛祖，六請江湖柳樹精，七請飛鏢黃三太，八請前朝冷于冰，九請華陀來治病，十請托塔天王、金吒、木吒、哪吒三太子，率領天上十萬神兵。」諸壇所供之神不一，如姜太公、諸葛武侯、趙子龍、梨山老母、西楚霸王、梅山七弟兄、九天玄女。

慈禧太后以戊戌政變，康有為遁，英人庇之，大恨。己亥冬，端王載漪謀廢立，先立載漪之子為大阿哥；……載漪使人諷各國公使入賀，各公使不聽，有違言，載漪憤甚，日夜謀報復。會義和團起，以滅洋為幟，載漪大喜，乃言諸太后，力言義民起，國家之福；遂命刑部尚書趙舒翹、大學士剛毅先後行，導之入京師，至者數萬人。義和拳謂鐵路電線，皆洋人所借以禍中國，遂焚鐵路、毀電線，凡家藏洋書洋圖皆號「二毛子」，捕得必殺之。

義和團自謂能祝槍炮不發，又能入空中指畫則火起，刀槊不能傷，出則命市人向東南拜。都人崇拜極虔，有非笑者則戮辱之。僕隸廝圉，皆入義和團，主人不敢慢，或更借其保護。稍有識者，皆結舌自全，無有敢公言其謬者矣。義和團既遍京師，朝貴崇奉者十之七八，大學士徐桐、尚書崇綺等，信仰尤篤。義和團既借仇教為名，指光緒帝為教主，蓋指戊戌變法，效法外洋，為帝之大罪也。……

開御前會議，載漪請圍攻使館，殺使臣，太后許之。下詔褒拳匪為義民，給內帑十萬兩。載漪于邸中設壇，晨夕虔拜。太后亦祠之禁中。城中焚劫，火光蔽天，日夜不息。車夫小工，棄業從之。近邑無賴，紛趨都下，數十萬人，橫行都市。夙所不快，指為教民，全家皆盡，死者十數萬人。殺人刀矛並下，肢體分裂。被害之家，嬰兒未匝月，亦斃之。

太后召見其大師沉，慰勞有加。士大夫之諂諛干進者，爭以拳匪為奇貨。

義和拳就在慈禧與守舊派人士支持下，一發不可收拾。此外，陳獨秀文中還舉了兩個當時的故事，好似神話。

湖南督軍張敬堯帶兵到四川湖南打仗，到處都建造九天玄女廟，出戰時招呼兵士左手心寫一「得」字，右手心寫一「勝」字，向西對九天玄女磕幾個頭，保管得勝。諸君看看這是什麼玩意兒？

皖南鎮守使馬聯甲的侄女得了瘋病，用五千元請張天師來治，那天師帶領一班法官，請到天兵天將，用掌心雷將妖捉去，天師所過的蕪湖、安康、九江等地方，眾人圍著求符咒的不計其數，這是何等世界！

在這篇文章中，又看到了九天玄女出現，而河圖洛書之地下版《金篆玉函》據說就是九天玄女傳給黃帝，由此可見地下文化中一直存有河圖洛書的影子。

11 中國文學之「我」見

在介紹了中華文化之長河後，也來簡單分析一下中國文學。筆者認為文化追求善、真、美，而文學追求美、善、真，雖然都是真善美，但是重點並不相同。

文學以語言為工具，以感情來打動人。文學作品要能感人，作家必須先感動自己，再以其高超的表現能力將之美化，但是第一要務仍是感人。要能感人就必須了解人性。文化的發展影響人性，因而影響了文學的發展；而文學又感動了人心，也回頭影響文化。前面討論文化的演變時，很容易看到文化對文學的影響力。

分析文學作品有各種方法，劉勰的《文心雕龍》把作品風格分為八類，而司空圖的《詩品》只講詩的風格就有二十四類。

有我、無我至無無我

我們採取王國維《人間詞話》所用之分類，這個分類法十分人性化。因為人第一個認識、也一直在探討的是「我」，一直在追求的是自「我」的實現。英文的「我」——I，是用大寫的呢！

而王國維指出「**有我之境**」與「**無我之境**」，又與老子《道德經》所云：「**道可道，非常道；名可名，非常名。無，名天地之始；有，名萬物之母。故常無，欲以觀其妙；常有，欲以觀其徼。**」有著異曲同工之妙。

沿著這個思路，我們可以很容易就將文化與文學做一個緊密結合，而看到他們的相互影響、擁抱、交纏。

孔子是有血有肉的人，他所提倡的儒家文化，也是有血有肉的文化。由於「**食色性也**」，顯然孔子是入世的，其教導環繞著如何完成自我，一切以修身為本，再治國、平天下。這是「有我」之境。

而老子主張：「**吾有大患，為吾有身。**」或「**天地不仁，以萬物為芻狗。**」老子是個旁觀者，所以「**生而不有，為而不恃，功成而弗居。夫唯弗居，是以不去**」。

有了身體，因而產生七情六慾，只求活著，冷眼看著世事的變化，而不將自己牽扯進去。雖然有了身體，但有肉無血，肉是天生的，已無法改變，不要激動，不要參與。這是「無我」之境。

到了佛家，對身體的否定更是徹底，一切唯心造。不止七情六慾是假相，身體也是假相。如果認為「既然都是假的，就一切都放棄吧！」這樣想也不對。

佛家說，佛法不是空，佛性不是空，那要怎麼才能找到佛性呢？其實很簡單，人因為有眼、耳、鼻、舌、身、意六識，當有慾望時，六識就蒙蔽你的末那識及阿賴耶識，就是所謂第七識及第八識。只有把前六識（無明之源）都空掉了，那麼我識及佛性，也就是第七識與第八識就能撥雲見日。

所以，佛家是無肉無血的。不止慾望停止了，一切思緒、心理的活動也都停止後，佛性就自然顯現了。這是「無無我」之境。

筆者很喜歡程顥〈偶成〉詩中兩句話，它也常被人用來做對聯——上聯「**萬物靜觀皆自得**」是個旁觀者，這是道家思想；下聯「**四時佳興與人同**」是個參與者，這是儒家思想。

「**身如菩提樹，心如明鏡台，時時勤拂拭，莫使惹塵埃。**」身體仍在，只是讓心如明鏡，真實反應世事。以菩提譬喻身體，表不為外界所動，此為道家看法。「**菩提本無樹，明鏡亦非台，本來無一物，何處惹塵埃。**」這是六祖慧能記載在《六祖壇經》之中的名言。也因為這個偈，禪宗南派的五祖把袈裟傳給了六祖。六祖慧能指出把身體、慾望、感官、思緒都了無一物，此時佛性自然展現。這就是佛法。

在文化史中，魏晉時期是道與儒的融合，此舉東晉陶淵明為代表，他在〈歸去來辭〉中寫到：

雲無心以出岫，鳥倦飛而知還。……木欣欣以向榮，泉涓涓而始流。羨萬物之

得時，感吾生之行休。

已矣乎！寓形宇內復幾時，曷不委心任去留，胡為遑遑欲何之？富貴非吾願，帝鄉不可期，懷良辰以孤往，或植杖而耘耔。登東皋以舒嘯，臨清流而賦詩，聊乘化以歸盡，樂夫天命復奚疑。

將唐王勃〈滕王閣序〉的「落霞與孤鶩齊飛，秋水共長天一色」，相對陶淵明之「雲出岫，鳥知還」，可看出陶、王二人皆以景喻志。但是王勃在後面寫到：

嗟乎！時運不齊，命途多舛。馮唐易老，李廣難封。屈賈誼於長沙，非無聖主；竄梁鴻於海曲，豈乏明時？所賴君子安貧，達人知命。老當益壯，寧移白首之心；窮且益堅，不墜青雲之志。

這段與前面引述陶淵明之〈歸去來辭〉，雖然同是感嘆自己的遭遇，但王勃仍是有我之境，想要東山再起；而陶淵明則是「樂夫天命復奚疑」，進入無我之境了。

再比較一下，晉王羲之的〈蘭亭集序〉與宋蘇東坡的〈前赤壁賦〉。

王羲之的「此地有崇山峻嶺，茂林修竹，又有清流激湍，映帶左右」與蘇東坡「月出於東方之上，徘徊於斗牛之間。白露橫江，水光接天……」都是寫景，但蘇東坡有大江東去之勢。

王羲之：「夫人之相與，俯仰一世……當其欣於所遇，暫得於己，快然自足，不知老之將至。及其所之既倦，情隨事遷，感慨係之矣，向之所欣，俛仰之間，以為陳迹，猶不能不以之興懷……每覽昔人興感之由，若合一契……後之覽者，亦將有感於斯文。」可看出是有我之境。

蘇東坡：「客曰：月明星稀，烏鵲南飛，此非曹孟德之詩乎？……方其破荊州，下江陵……橫槊賦詩，固一世之雄也，而今安在哉？……」到這裡為止，其境與王羲之略同。下面寫到：「況吾與子，漁樵於江渚之上，侶魚蝦而友麋鹿，駕一葉之扁舟，舉匏樽以相屬，寄蜉蝣於天地，渺滄海之一粟。哀吾生之須臾，羨長江之無

窮；挾飛仙以遨遊，抱明月而長終……」已是道家的味道。

但是蘇東坡又更進一層：**「客亦知夫水與月乎？逝者如斯，而未嘗往也；盈虛者如彼，而卒莫消長也。蓋將自其變者而觀之，則天地曾不能以一瞬；自其不變者而觀之，則物與我皆無盡也……惟江上之清風，與山間之明月，耳得之而為聲，目遇之而成色；取之無禁，用之不竭……」**這裡已充滿禪意。

蘇東坡之文采，特別動人。林語堂曾以「鮮明的個性」、「不可救藥的樂天派」、「具有多面性天才的豐富感」、「心靈卻像天真的小孩」來描述他。

我看到的蘇東坡

到了宋朝，文化中又加入了佛學的元素。

蘇東坡之多面性，正因為他可以在「有我」、「無我」、「無無我」三境之間優遊自如。心靈像個天真的小孩，是對人生已了然於心的「真」人相；「返璞歸真」、

「個性鮮明」是不可救藥的樂天派。既已「知天命」，進而「隨心所欲」，又怎能不樂天呢？再加上「多面性天才的豐富感」，這才是「真」人，也是「知天命」、「隨心所欲」的人，是一般人難以達到的境界。

一個好的文學作品，主要是「能感動自己」，也要「能感動人」。蘇東坡的文字素養是一等一的，但這不足以成就蘇東坡，他已修真返璞，這也不是蘇東坡。這兩個原因能湊在一起已是百年難得一遇。更難的是，他能在「有我」、「無我」、「無無我」三境之間優遊自在。

老子說：「**常有，欲以觀其徼**。」**要能感人，一定要在「有我」之境**。一切喜、怒、哀、樂皆由「我」而發；一定要有「我」，才能感動。「我」是感動的產生器，「我」是感動的接受器，「我」也是感動的放大器，「我」甚至也是感動的揚聲器。

一個作者用「有血有肉」的我，才能體會與感覺何謂情緒，什麼又是感動。但若停滯在「有我之境」是創作不出「大」作的，**一定要進入「無我」才能觀其妙**；**當更高升到「無無我」之境，才能如黃鵠般遨遊天空**。這已是衛星照相，所有地上的活動及人間百態都能一覽無遺，了然於心。但是你還是要回到地面上來，用好的相片將這些景象顯示出來。你在遨遊天空時，要用「有我」觀其微，否則一切如過眼雲煙，「**泥上偶然留指爪，飛鴻哪復計東西**」，又怎能創作出好作品呢？要用「有我」的心境，來體會人間的疾苦。這種感同身受，才是好作品之「微」。其曲高者，其和者寡，要與人同理心，才能引起共鳴，誘發心靈的共振。

蘇東坡的作品可以分成三個境界：

一、有我之境的作品

〈江城子〉

十年生死兩茫茫，不思量，自難忘。千里孤墳，無處話淒涼，縱使相逢應不識，塵滿面，鬢如霜。

夜來幽夢忽還鄉，小軒窗，正梳妝。相顧無言，惟有淚千行，料得年年腸斷處，明月夜，短松岡。

這是懷念生離死別之「情」，為悼念元配夫人王氏所做。蘇東坡寫這首詩時，剛好是王氏死後十年，因此詩中提到十年已過，人事全非，而刻骨銘心的愛，依然蕩氣迴腸。尤其是四組重疊的三字句，像鼓槌一樣，重重地打擊著我們的心弦，又怎能不共鳴、不感動。

〈蝶戀花〉

花褪殘紅青杏小，燕子飛時，綠水人家繞。枝上柳綿吹又少，天涯何處無芳草。
牆裡鞦韆牆外道，牆外行人，牆裡佳人笑。笑漸不聞聲漸悄，多情卻被無情惱。

這是寫失戀加上些暗戀的情愫與羞澀。「天涯何處無芳草」早已是現代人寬解失戀心情的口頭禪。情愛在文學中表現最多，也是最能共鳴的「我」。

二、無我之境的作品

蘇東坡無我之境的作品非常多，以下三則為代表。無我的意境，依個人體會有所不同，在此就不多做解釋。相信看完後，你我雖會有不同的詮釋，但一定可以了解何謂無我的境界。

〈定風波〉

莫聽穿竹打葉聲，何妨吟嘯且徐行。竹杖芒鞋輕勝馬，誰怕，一簑煙雨任平生。

料峭春風吹酒醒，微冷，山頭斜照卻相迎。回首向來蕭瑟處，也無風雨也無晴。

〈水調歌頭〉

明月幾時有，把酒問青天。不知天上宮闕，今夕是何年？

我欲乘風歸去，又恐瓊樓玉宇，高處不勝寒。起舞弄清影，何似在人間。

轉朱閣，低綺戶，照無眠。不應有恨，何事長向別時圓？

人有悲歡離合，月有陰晴圓缺，此事古難全。但願人長久，千里共嬋娟。

〈永遇樂〉

明月如霜，好風如水，清景無限。曲港跳魚，圓荷瀉露，寂寞無人見。紞如三鼓，鏗然一葉，黯黯夢雲驚斷。夜茫茫，重尋無處，覺來小園行遍。天涯倦客，山中歸路，望斷故園心眼。燕子樓空，佳人何在，空鎖樓中燕。古今如夢，何曾夢覺，但有舊歡新怨。異時對，黃樓夜景，為余浩歎。

三、無無我之境的作品

〈題西林壁〉

橫看成嶺側成峰，遠近高低各不同。不識盧山真面目，只緣身在此山中。

〈觀潮〉

盧山煙雨浙江潮，未到千般恨不消，到得還來別無事，盧山煙雨浙江潮。

「無無我」境界的文學作品非常稀少。一個人有了「無無我」的領悟，幾乎都只能講經、寫經，因為「**無處染塵埃**」，早已忘情忘我。《金剛經》、《華嚴經》、《法華經》、《六祖壇經》都不是文學作品，而《心經》的文字已十分優美，但終究還是「道學」，不容易感人。

這類作品不是直接觸動感覺，只能意會，了然於心。但心為之動則一，也就成了王國維的遺珠。王國維如果早些有「無無我」之境的領悟，也就不會有輕生的念頭了。

也只怪「無無我」之境的文學作品太少，不僅讓王國維失之交臂，也枉送天才性命。

「我」的演變

這些有我、無我和無無我之境，都是精緻文化，是士人的文學。

可是地下文化呢？所謂地下文化，就是庶民文化、老百姓的文化。在這個領域中，庶民文學對文化的影響力就大了。

接下來就讓我們由宋朝講起。

宋朝理學的發展，所謂「存天理」、「去人慾」，調子唱得很高，被顏元評為「清談、禪宗、鄉愿」。我想再加一條「言行不一」，就是「說一套，做一套」。

因清談、禪學盛行，加上趙匡胤是軍人出身，而後黃袍加身，怕其他軍人也比照再來一次，特別重文輕武。不但造成士人體弱，更沒有志氣，習成婦女態。到了宋朝末年，就只剩文天祥一個人抗元，而文天祥還是個文人。

在此特別節錄三小段〈正氣歌〉，一則表達心中崇敬文天祥之氣節，二則由此可略見宋朝理學之學說，尤其是張載的「氣一元論」。

節錄〈正氣歌〉

天地有正氣，雜然賦流形。下則為河岳，上則為日星。

於人曰浩然，沛乎塞蒼冥。皇路當清夷，含和吐明庭。
時窮節乃見，一一垂丹青……
是氣所磅礴，凜烈萬古存。當其貫日月，生死安足論。
地維賴以立，天柱賴以尊。三綱實繫命，道義為之根……
顧此耿耿在，仰視浮雲白。悠悠我心悲，蒼天曷有極。
哲人日已遠，典型在夙昔。風檐展書讀，古道照顏色。

文天祥在序中，指出其囚室中之惡氣，包含水氣、土氣、日氣、火氣、米氣、人氣、穢氣七種，而他以孟子「**吾善養吾浩然之氣**」來對抗，因此作〈正氣歌〉。

理學傳到明代**王陽明**，發覺不能說一套做一套，於是提出「**知行合一**」，以修補朱熹提倡先知後行所導致的「知而不行」。而王陽明也受到禪宗的影響，支持陸九淵的「**心即是理**」——心要回到無善無惡的原始狀態，才能「**致良知**」。

由於蔣介石極為推崇陽明學說，不但在民國大力推行，遷台後許多機構、地區也都以「陽明」命名，例如台北近郊的「陽明山」，就是以此淵源，於民國三十九年由原來的「草山」易名。

這些小小的努力，並不能影響大局，結果明又亡於清。

元朝末年，小說開始流行。在異族統治下，這些「良知」、「正氣」不再被皇帝所重視。朝廷沒有了市場，士人就轉向百姓。因為老百姓愛聽故事，這是大眾化的娛樂，於是文學轉向小說；接著小說又被改編成戲曲，影響力可就更大了，成為文學催化文化最有力的年代。

庶民文學直接衝擊整個文化，加上宗教的推波助瀾，一發不可收拾。在明朝引起了流寇，直接造成明之滅亡；而後更觸發了義和拳，成為清末的動亂。

人的自「我」，因為受教育或增加社會經驗，隨著知識與能力的提升，使得「我」也跟著放大。

最基層的「我」是「食」與「色」，「食」維持自己的生存，「色」維持族群（大我）的生存，這是經過幾億年演化而來的生物本能。這是所有「我」的基礎。老子認為人之大患，在我有身。這個「身」是生物性的身體，一直推動著我們的日常生活，提醒我們不吃飯會死；而性的衝動，依心理學家佛洛依德的理論，則是所有心理活動的基礎。

人在生理需求有了基本的滿足後，才可能有「無我」、「無無我」這些偏向心智的活動。

活著是人最低的生命表現，也是最強的驅動力。所謂「飽暖思淫慾」，性是吃飽以後才會表現的生理需求，可以延伸為家庭、朋友的認同感，社會族群是「物以類聚」的歸屬感。

這些不同層次的「我」，是一般百姓對生活的需求，依環境條件而逐次提升。元末明初至清代，先有《水滸傳》、《三國演義》，後有《西遊記》、《封神榜》等小說在坊間流行。因為是庶民文學，常不能確定作者是誰，何時成書也引發爭議。但這些小說、戲曲卻滿足了「我」的認同感及歸屬感，久而久之與劇中人物產生同化作用，彷彿隨著宋江調兵遣將或跟著武松一起打虎。近代很流行的漫畫，還有cosplay（角色扮演），可見讀者是非常投入的。

而在元明清的年代，沒有電視，沒有廣播電台，甚至書籍也是稀有物資，加上這個階層的百姓大多不識字，沒有受過正規教育，戲曲就成了他們資訊的來源、受教育的場所、聚會的機會。利用戲曲說是道非、討論時政、交換意見，戲曲等於就是他們的世界。

一直到今天，在台灣的選舉中，廟口、廟會仍是樁腳活動的重點，而電視、廣告、傳單是文宣的重點。在元明清的年代，戲曲不但是這些管道的綜合體，還取代了教室、補習班、宗教、才藝、講堂、電影院、演唱會……，幾乎囊括百姓所有資訊的來源。

此時有個候選人，只要說自己是宋江轉世，或是彌勒佛投胎，一定壓倒多數當選。因為，這些文學佔據了百姓整個「我」，甚至藉由戲曲塑造了百姓的「我」。而這些用同一模子塑造出來的「我」，一旦被有心人利用，就會匯集成巨大的力量，達到「萬眾一心」、「眾志成城」、「一呼百應」的效果。

明朝靠這個力量推翻了元朝，成就了第一個沒有受過教育、來自社會最底層的平民皇帝朱元璋。但也因為這股力量，明朝在李自成、張獻忠等流寇作亂下，又面臨清兵進攻，內亂外患不斷，終至滅亡。

到了慈禧太后當政，義和拳壯大，慈禧不僅不加禁止，還大加賞賜，成為朝野一致的全民運動，幾乎為中國帶來滅亡的命運。

12 河圖洛書有何奧祕？——以哲學探討

河圖洛書，由一組數排成八個方位，中央再加上「五」或「十」，究竟攜帶了多少信息？有人認為是密碼，要經過解碼才能了解；有人說是圖騰，要經過解說才會清晰。在前面的文章中，已經用血液循環的新發現——共振現象，將人體器官與經絡的生長位置、供血原理等，與河圖洛書之圖案做了一個對照，發現兩者的排列位置竟然不謀而合。

哲學是什麼？我們用大學教科書中的解釋來回答這個問題。

哲學是理論化、系統化的世界觀，是各種知識與思維的概括和總結，是世界觀

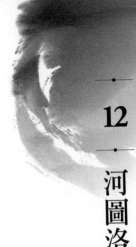

與方法論之統一，是以追求世界的本源、本質、共性或絕對終極的形而上之形式，來確立哲學世界觀與方法論。

接下來我們就沿著這個解釋來為本章的標題找答案。

河圖洛書的世界觀

河圖洛書是一組數字。前面也談過，老子與西方都有一生二、二生三的說法，而八卦則是一生二、二生四、四生八。

河圖洛書之一至九又是什麼意思？

一、是九個重要的因子、成分或事項。如洪範九疇或摩西十誡的概念。

二、是九個諧波。

筆者使用血液循環的新發現——共振現象——來排出河圖。血液循環現象是否可以視為其他現象的共性？是否可以系統性的解釋世上其他現象？

這個就成了哲學的問題。

我們先討論一下世界上發生的事情可能有哪些共性？或者較精確地說，我們能觀察、進而理解的有限事件又有哪些共性？因為唯有能夠理解，才能加以分析，才有可能找到共性。

所謂「世界觀」是人在看。我們要先看得見，而看得見的事件又分成三類：

第一類是突發性事件，例如宇宙間忽然產生之大爆炸，或是昨天發生的重大車禍……。這些題目雖然看得見，但是突然或偶然發生一次，很難找出共性，當然不容易分析。

第二類是週期性事件，會在固定時間依相同順序重複發生。這類事件人類最能夠去了解，例如所有古老民族都有完善的曆法，了解一年四季春夏秋冬，可促進農業發展；研究魚的迴游週期，可幫助漁獲量增加；之前所提的人體血液循環，更是最容易觀察與研究的重複性、週期性事件。古人也可能由此觀察而得到許多重複和週期信號之通性或共性。

第三類是可以製造的週期性事件。不似第二類的規律週期性，但是我們可以設計儀器，使此類事件重複發生。例如做力學實驗、做化學實驗、做生物學實驗……等等。在我們設計與管控的條件下，讓這事件一而再、再而三的出現，以便做觀察研究。

以上所列三類事件中，第二類是我們最容易研究、也最容易了解的類型，其中包含：

一、**生命現象**：生命現象有一個共同的特性——亂度（entropy）不會增加。生命現象必須有能量加入，才可能維持其各種功能。資訊與亂度可以互換，生命現象所以能夠維持亂度的恆定，是因為過程中注入大量資訊，而資訊需要能量來提供。

這個說法有點抽象，哲學味太重，讓我們換個口味。人活著時，身體會逐漸衰老，但速度非常緩慢；一旦死亡，則會立刻腐化。這是因為人有生命現象時，身體機能會不斷運作，不讓身體各部位崩壞。這些運作需要能量，我們身上就像有成千上萬個輪子，不停地轉動著，維持我們的生命。藉由輸入能量，讓這些輪子不停運轉，才能維持身體在接近穩定的狀態；只要輪子停止運轉，身體就會立刻腐化。

人類利用消化系統從吃進的東西中吸收營養，再將廢物變成大便排出體外。這與汽車的內燃機一樣，引進油、氣等燃料，有效運用爆炸的能量後，再把燃燒後的廢氣排出去。我們每吃一頓飯，就是引擎的一個循環，吸收營養後，提供身體各部位去運轉作功。

大家都明瞭呼吸是週期性的運轉，心跳是週期性的運作，不需要多加說明。而神經運作也有其週期性，傳送一次神經信號會用掉大量的鉀鈉離子，但身體內有種「幫浦」會主動將鉀鈉離子打回原來的位置。所以對鉀鈉離子而言，它們被神經信號釋出，又經主動運輸之「幫浦」送回，這也算完成一個週期。

這些週期性工作都需要輸入能量來運轉。生化功能之代謝，更是由各種循環（Cycle）組成，如Krebs Cycle、TCA Cycle。

二、**星球之運動**：星球是週期性的，我們總是每隔一陣子就會看到某顆星，或者又看到某個星座。是不是所有星球的運動都是週期性的？我不知道。但是我們常看到的應該都是做週期性運動，否則一閃即逝，我們也不會記得曾經看過它。

三、**日常的生活**：每天上下班、上下學、上菜市場……，你仔細想想，我們每天做的事，其實極大部分都具有週期性，就像輪子一樣轉動。只是沒提醒你，你就不會注意到而已。

讓我們再來做進一步分析。人住在家裡，家是一個定點，所以你的活動一定是由家出發，做了很多活動之後，又回到家；第二天又是一樣，從家出發，又做了很多活動，然後又回到家。你會說第二天的活動與第一天不完全相同，但是仔細分析一下，總有八成相同，這八成就有週期性；如果用一個星期做週期，星期六與星期天不用上班，又成了星期性的週期活動。

同樣的，慶祝新年、清明節掃墓、中秋節賞月……等，這些是以年為單位的週期；生命的歷程，如生、老、病、死，是以一生為單位的週期。

如此分析，可知我們其實活在各種大小週期的重複生活動作之中，環環相扣。

當然，偶爾也會遇到一件不是週期性的事件。例如中了彩券，如果你只中一次；結婚，如果你只結一次婚；生子，如果你只生一個孩子。

但是若換個角度來看，你只結婚一次，他也結婚一次；某甲結婚一次，某乙也結婚一次……。雖然我們每個人都只結婚一次，可是由辦喜事的飯店角度來看，就是週期性的事件，今天是你，明天是他，後天是某甲，大後天是某乙；去法院公證、辦結婚登記，對法院而言，也是週期性的事件。你雖然偶爾生病，可是看病對醫生而言，也是週期性的。

如果說我們生命中主要活動都有週期性，我想現在你應該不會再反對了。還有許多週期，例如冰河時期的來去、星球之誕生到死亡……，以人類有限的生命來看，好像是一直在不同的變化之中，沒有週期感，但是把時間拉長了，可能是兩萬年的週期，或兩百萬年的週期。

接著，我們還是再討論一下第三類。

如果一個事件在設定的條件下可以重複發生，我們也可將它視為週期性信號來分析。最簡單的想法是，如果一個實驗由開始到做完需要一小時，當實驗做完後，馬上再開始，再做完，再開始，再做完，如此不斷重複下去，豈不也成了以一小時為週期之事件。

河圖洛書之方法論

數學中有一個定律：「所有週期性信號，其組成一定是諧波。」這句話在前面已解釋過。

再次重申：「所有重複發生的事件，你可以分析一下，一定有幾個主要的分項事件。」

數學上的諧波有一個特性，這些諧波都是特徵向量，互不干擾。所以上面這個定義還要再加上一句：「這些分項事件**可以是**各自獨立、自主的，與其他分項事件沒有關聯性。」

這裡用「可以」，而不像數學定律用「一定」。因為數學是精準的描述，其他的分析方式就沒有這個精確度。我們分析一個事件，如果沒有一個嚴謹的數學公式，當事件解析為分項時，雖不一定都能夠是獨立而互不關聯，但是這個獨立而互不關聯的分項是存在的。所以用「可以是」，表示是可以找到的。

現代科學又提供了一個數學工具，協助找到這些分項間的關係，叫做「替代矩陣」（Substitution matrix）或「斯盧茨基方程式」（Slutsky equation）。

這個工具可以找出各分項在整個事件中所佔的特性分量。但是，哪個分項才是真正重要的分項？如何找尋這些分項？還是得用自己的智慧去猜測、推斷與判斷，或根據過去的經驗、實驗、別人的經驗、歷史事件……等，以及所有能用來參考的資料，做出一個比較接近正確的假設，再經過重複多次的修正與測試，直到找出一組最重要又互不干擾的分項。

到這裡，聰明的你一定已經知道我想要說什麼了。為了有頭有尾，就在此做個總結：

河圖洛書的世界觀是——我們能觀察、分析的事件，但僅限於週期性事件。

河圖洛書的方法論是——找出獨立、重要的分項來加以分析。

你與我的結論相似嗎？如果不同，請提供給我們，做為未來研究之改進。

●由河圖洛書方法論看各個學科

以河圖洛書的方法論，可以去解構各個學科，找出分項。

一、**物理學：**以質量、長度、時間為主要分項。質量可以由牛頓運動定律來定義，也可由萬有引力來定義，這兩個定義是否一致？時間怎麼定義？時間可否反轉？長度怎麼定義？長度與時間會隨速度改變？長度一直變小，可以無限切割……，這些就是物理學的重要題目了。

二、**化學：**以元素為基礎，研究元素之間的相互作用，以及作用後產生物質之特性。

三、**生物學**：以遺傳學為例，先找到染色體，接著找出A、T、G、C四個元素組成之去氧核醣核酸為主要分項。如果研究蛋白質，則以氨基酸為分項。生物學如加入化學成為生物化學，加入物理學則成為生理學。

由河圖洛書方法論看本書

在分析中國文化史時，發現河圖洛書於周幽王時消失不見，但卻不知道之後哪裡去了？如果它們在宋朝沒有再出現，或一九七七年所挖出的古物不能證明，或者這個宋朝出現的圖樣應該是古時之原件，那也就罷了，我們現在也不必研討這個問題。

如果不見了幾千年又出現，中間這幾千年藏到哪裡去了？所以我們特別重視地下文化，結果找到《金篆玉函》印證我們的思考方向正確，這表示我們用河圖洛書的方法論，找到了另外一個重要分項，那就是地下文化！

文化史分析到宋朝，發現僅分析文化史不能理解元、明、清文化之轉變。於是再分析元、明、清文化之分項中，哪些是宋朝以前所沒有的，因此才發現元、明、清的小說戲曲文學，是宋朝以前沒有的，這時地下文學或庶民文學蔚為流行，並且成為主流。

我們必須分析中國文學，了解文學與文化之互動，才能抓住文化史所有重要分項。

13 由河圖洛書方法論看宗教與科學

前面分析中國文學時，我們追隨著天才王國維之思路，以「我」為主要分項。但在分析他的有我、無我之境時，又發現他少了一個分項，那就是——佛學文化的「無無我」之境。

河圖洛書的方法論是找出獨立、重要的分項來加以分析。以下用河圖洛書的方法論，來討論兩個非常有趣的題目：

一、**中國人有宗教嗎？**

先分析宗教之特性，最後再論中華文化之特色。

二、**科學之邊界**

因為不能包山、包海，所以科學有侷限性，這是大家都知道的。其實科學還有一個邊界，這個邊界之外是科學無法觸及的化外之地，我們要做的就是找出這個共性——每門科學都有的邊界。

中國人有宗教嗎？

在回答這個問題之前，我們得先知道，宗教是什麼？

很多人會回答：「宗教是一種信仰。」這個答案是對的嗎？

孫中山曾說：「**主義是一種思想，一種信仰，一種力量。**」順著這個思路，「資本主義」、「共產主義」、「社會主義」、「三民主義」也都成為宗教了。而佛教、基督教、回教、白蓮教……等各種宗教都有思想，也有力量，又成了主義。

以佛教而言，研究佛學的人很多。佛學可以說是心理學研究之極致發揮，因為其經典多而細，只是數數《大藏經》裡面有多少字，也要花好幾個星期。但佛經在心理學的地位，反而遠遠不如佛洛伊德，他的理論一以貫之：「一切心理分析由性出發。」對心理學發展有很大的影響。

佛學與佛教之差別何在？佛學像主義一樣，是一種思想，是一種信仰，也能產生力量。而佛教講的教義，與佛學教的經典其實都是相同的。

那麼佛學與佛教的界線在哪裡呢？

在佛學領域中討論的這些心理分析，一切唯心造。如何修行等等，都是以說理的方式進行，是可以理解、理性分析和討論的。

而佛教就要加上幾個額外的元素。

一、有天堂與地獄。

二、動物的生命有靈魂，靈魂不滅會轉世等，視宗派而小異。

這兩個元素不能討論，很難令人理解，更無從分析，於是「信」就由此而來。

你懂佛學也可，不懂經典也行，只要你相信這兩個元素，從心底相信這是真的，你就是佛教信徒。

基督教說：「信耶穌得永生。」

什麼是信耶穌？《聖經》是一個很好的記事簿，《舊約》有許多歷史，《新約》記錄著神聖的人與弟子之互動，以及平日的一言一行，以做為我們的典範。

這與儒家的經典《論語》一模一樣。《論語》記錄著孔聖人的一言一行，與弟子之互動。當我們讀《聖經》時，可以比讀《論語》更入神，因為聖經中有更多、更動人的故事。

怎麼才是基督信徒呢？你要相信「耶穌是神的兒子，為了救贖我們而來。他被釘在十字架上，以他的寶血洗淨我們的罪，死了三天後復活」。所以，你只要信了耶穌，他就用他的血洗清你的罪，並於你死後在天堂迎接你。天主教則尊奉瑪利亞為聖母，相信瑪利亞受聖靈感應，以處女之身生下耶穌……。故事似乎有點長，重點也是你要相信。

由前面所述，可以清晰的分辨**「宗教」，一定要有「信」的部分**。這個相信的部分是無法用科學或邏輯去證明的。

科學之邊界

其實科學本身也有這個問題。

其一是因為科學的周延性。科學不能包山包海，解釋或判斷所有的事情。

其二則是科學的再現性。科學多由科學家經過多次重複驗證而得出結論，但是不能保證永遠正確。主要原因是：

一、有可能邊界條件變了。例如太陽從東邊出來，西邊落下。如果外力使地球停止自轉，或地球由內部爆炸，改變了自轉方向，或許太陽不再發光……等狀況，都可能造成熱烘烘的太陽不再由東邊升起。所以嚴格的說，太陽從東邊出來，是一個機率最大的預測，並不是完全沒有意外的可能，只是意外的機會太小了，我們忽略了它。

二、適用範圍不對。如牛頓力學，一旦速度大到接近光速，就得適用相對論；尺度或粒子變成非常小時，就得適用量子力學。

不過，對於科學而言，這樣的問題是好的，因為，**科學上所有的重大發現，反而是擴大了科學的適用性**。一旦發現有例外，目前流行的理論不能適用，**就是科學家最高興的事**。**如果一味相信現存的科學，那科學就不再是科學，而成為了宗教**。

其實科學還是有一個信仰——這個世界是有規則和秩序的，可以用一些定理、定律來描述。

邏輯系統也有自身的限制。邏輯是一個抽象化的思考過程，要用邏輯證明不對較容易，而用邏輯來證明對則較困難。大部分事物的分析，都是不能證明其為錯，或是不能證明其為對的。簡而言之，要證明邪教是不好的、不對的，比較容易；要證明現存的、合理的宗教哪個是好的或對的，可就困難了。

老天爺是中國人心中共同的神

中西方各有主要信仰的宗教。耶穌是以色列人，基督教是由耶穌的言行而建立的宗教。教義中，以色列人是上帝揀選的，那麼阿拉伯人呢？依據聖經，阿拉伯人與以色列人的先祖是同父異母的親兄弟，可是以、阿兩國不止宗教上互不相容，而且大打出手。結果是以色列人信猶太教，阿拉伯人信回教，印度人信印度教，西方人信基督教……。

中國的宗教呢？我們都說儒、道、佛三家一體，或三教一家。在中國的寺廟，你會看到孔子與佛祖、觀音、老子或道教的老祖被供奉在一起，甚至還有關公、濟公、媽祖……大家歡聚一堂。

在中國人的成語中，也充滿了宗教色彩。董仲舒把天的概念引進了儒家，提出「天人感應」、「天人合一」和「天命」，自此「天」就成了中國人心中的「神」。到了魏晉與道家合流，天與道就結成「天道」，強調「天道無常，常與善人」、「天道酬勤，厚德載物」，「天道」就成了神，幫助好人，懲罰壞人。而到了宋朝，再加上佛學，成為理學，天就變成「天理」，主張「存天理」、「去人慾」，還有「天理人情」、「天理昭彰」、「天理難容」、「天理良心」……。

所以，**中國的宗教信仰是融合而成的，儒、道、佛逐漸同化在一起，成為中國以「天」為代表的宗教觀**。

如果我們細看各個宗教的教義，基督教是由對耶穌的崇拜演化而來，佛教則是對釋迦牟尼的崇拜演化而來。

中國的儒家和道家不也是衍生自對孔子、老子的崇拜？只不過是「**子不語怪、力、亂、神**」一句話，阻絕了他們的神格化，所以孔子在漢朝——儒家的全盛時期——也只被推崇為「素王」。

各朝代的好皇帝也都設壇祭天，所以你說中國有宗教，我不能證明你是錯的，但如果你說中國沒有宗教，我也不能證明你對。

中國到底有沒有宗教？這個只有「天」知道。但是中國人並未因「不相信或不知道天堂與地獄」，就敢為非作歹。因為「天網恢恢，疏而不漏」、「人在做，天在看」。

科學、真理與絕對價值

一九七五年十一月在美國紐約召開的國際科學聯合會，筆者首次發表〈科學、真理與絕對價值〉這篇文章，現在看起來更覺得重要，特別將其簡介於下：

在每門科學中都有一些基本量，科學就在這些基本量之間找尋它們的關係。力學告訴我們，知道動量及位置，就知道了這個系統。可是卻有測不準原理：

$$\triangle P_x \triangle x \geq \hbar$$

P_x：x方向之動量，x：x方向之位置，$\hbar$：Planck常數。所以對所有系統的了解，不會比這個限制更精確。

而在數學中有Gödel證明：完備（completeness）與一致性（consistency）是不能同時存在的。任何一組公設不可能同時完備又一致。在實際的生活中，法律有憲法、民法、刑法……，如果有一個法把它們全包在一起，就必定會產生矛盾。

在哲學上，真與實（存在）是不能同時完備的。例如一個蘋果和一個橘子是不能相加的，而一個蘋果加一個蘋果等於兩個蘋果，也有困難。因為如果精確地定義蘋果（真），世上很難找到兩個完全一樣的蘋果（實）。如果這個蘋果被定義為一，那麼到哪裡去找第二個相同的一，來運作一加一等於二呢？

這個想法可以推廣到任何學科。其主要的分項，都有測不準原理（物理）與Gödel證明（數學）同樣不能越過的邊界。科學的討論，只能在這個邊界之內進行；出了這個邊界，科學就不好用了。

在資訊科學中有個重要定理（Shannon）。「訊息是負熵」（information is negative entropy），我們知道得越多，自由度越少。似乎有點奇怪，也有些矛盾。其實這個定律是科學的定理，只能適用在科學的邊界之內。那如果出了這個邊界呢？

這裡我定義「絕對價值」：在不違反科學定理之情況下，也就是已經到科學能討論的邊界之外，能增加我們選擇的自由度，就是絕對的價值。

舉個例子來說，我們要有光亮時，古代可以點鯨魚油燈、點蠟燭、使用煤油燈，而愛迪生發明電燈後，我們又多了一種選擇。現在我們可以自由選擇，並沒有因為發明電燈就一定要用，這種選擇的自由，就是有價值。

所有世上重要的發明，都增加了我們的選擇度、自由度，而不是強迫我們一定使用，這才是這個發明的絕對價值。

PART 4

河圖洛書新啟示

「五」究竟有什麼力量？從八卦誕生後，
「五」的力量與意義，就消失在中華文化中，
所以有智慧的中國人消失了，
創新發明不再出現，內憂外患不斷興起，
文化清泉愈來愈混濁，
現代人需要河圖洛書帶來的新啟示。

14 河圖洛書之絕頂祕密

至今，我們討論了河圖洛書之世界觀與方法論。河圖洛書的奧祕，真的僅止於此嗎？

河圖洛書如果只有這些已討論過的祕密，古代那些皇帝又何必將之藏在皇宮的寶庫裡，以致於失傳也不肯外傳。

「五」的祕密

熊十力曾提出，儒家思想是沒有領導人的。這個推論令我非常佩服。

儒家思想中的領導人在什麼時候消失的呢？

當洛書變為八卦時，中間的「五」就被拿掉了，到了後來又被周敦頤用太極圖取代位置。

由八卦衍生了《周易》，再由《周易》衍生了孔子、老子思想，當然也就沒有了領導人。

這個「五」何以如此神祕？井田制劃分中，「五」的位置為王田，洪範九疇也提到「**次五曰建用皇極**」，可見這個「五」提示的是做領導人的方法。

我們來分析一下這個「五」具有哪些特點：

一、「五」於一至九間居其中，不是最大，也不是最小。

二、「五」居九宮格中間，與一至九的其他數字皆有連結。

三、「五」可與十結合（如河圖），也可自行運作（如洛書）。

四、「五」與生數（一、二、三、四）相結合後，可生成成數（六、七、八、九）。

由這四個特點來看，與西方資本主義的帝國主義思想完全不同，西方資本主義的思想是依據進化論為其文化基礎。

帝國主義的文化特質

「優勝劣敗」、「適者生存」為資本主義思想的核心理念，其中最極端的例子是德國的納粹與日本的軍國主義。

納粹認為日耳曼民族是最優秀的，所以恣意屠殺猶太人，為日耳曼民族擴大配種，增加生育率，並以軍事力量強佔領土，殺戮反抗者，施行種族絕滅。

日本的軍國主義也不遑多讓，打著大和民族為優秀的天皇子民之名號，公然侵略東亞各國。七三一部隊使用活人做實驗，進行毒氣、細菌戰；南京大屠殺時的殺人比賽，強徵慰安婦……等，美其名曰「大東亞共榮圈」，以逞其殖民統治東亞之野心，至今仍不知悔改！

美國崛起於二次大戰後的原因很簡單，二戰時歐洲成了戰場，而美國為補給工廠。當時歐洲為了戰勝納粹，把工業及生產的祕密都傳授給美國，美國也配合發展了工業工程學門，將所有生產技術分解為各個精細的步驟，加以標準化、量產化，成就了戰後強大的美國工業，美元因而取代英鎊成為世界流通貨幣，提供大量無成本的資金。有人戲稱美國所有的航母戰鬥群，是全世界人民提供資金建造的，其實也很接近事實。

● 美國人的崇智文化

美國今日能成為世界之獨霸，是有其文化背景的。

美國人崇拜英雄，尤其是聰明人。從小孩看的卡通就看得出來，美國卡通中有個特別的代表性角色——「兔寶寶（Bunny）」，專門搗蛋、想怪招惡整別人，每次惡作劇成功就會嘻嘻地偷笑。

在美國的犯罪行為中，如果有人鑽法律漏洞而欺騙成功，幾乎不會被判有罪，反而會被視為英雄。所以當時美國人的創新能力領先全球。這是他們文化的特色，但終究是信奉資本主義的國家。

與納粹及軍國主義相比，美國人聰明多了，懂得「智者利仁」。他們知道要用「仁」來裝飾其一切為利的本質，不致顯示出窮兵黷武與不顧人性的模樣。因而有反托拉斯法，不讓有錢的聰明人無限制地以錢賺錢；還有兩黨政治，讓一些聰明的政客成為一般選民的代言人，減少在政治上聰明人對弱勢者之欺騙與壓榨。

美國人一方面鼓勵創意，但也限制以錢賺錢的自由度，以免阻礙了進一步創新的機會。如果要替美國的文化抓一個主軸，那就是「崇智文化」，一切為創新，一切為擴張。

然而資本主義能夠存在，需要不斷擴張。二次大戰後，美元成為國際貨幣，美國有用不完的資金，其後的幾十年，美國一直以其高明的金融手腕，玩弄世界其他國家的金融體系於掌上。美國的金融巨鱷用金融手段賺進大量金錢後，就會像兔子

Bunny一樣嘻嘻地偷笑，似乎在說：「誰叫你是笨蛋！」

但是美國為了讓這些金融遊戲可以持續，必須向全世界輸出其所定義的「自由化」、「國際化」等普世價值，否則巨鱷們的黑手如何伸進你的口袋。

經驗了過去七十年左右的無往不利，美國這些金融手段慢慢地也都被別人學會了，美國很難再將外國當做自己的提款機。於是美國的聰明人就把國內中產階級當成另一台提款機，二〇〇八年的金融風暴，就是資本主義向外擴張受阻後，反向、向內擴張所造成的苦果。

而今天美國面臨的困境是「生產能力跟不上創新能力」、「以人力賺錢跟不上以錢賺錢的速度」。

美國人人都想做英雄，創新有人做，生產卻少人做；人人都想賺大錢，但是只想不勞而獲，以炒股、玩弄金錢來賺快錢，而不是腳踏實地賺辛苦錢。

就拿農業來做例子，美國是世上最大的農、畜生產國。農業是最腳踏實地、一分耕耘就能有一分收穫的產業，農民也是最接近土地、最樸實的一群人。他們有幸生在土地豐饒、平原廣大的美國，又掌握先進的農業科技，以自動化耕作，該是天之驕子。可是美國農畜業的利潤卻集中在幾個大糧商手裡，從耕作機具、種子、肥料、除蟲劑、除草劑、土壤改良……，一直到產品價格全由糧商掌控，使農人與工人無異，成為在土地上工作的勞工。美國已由「崇智利仁」逐漸演化為「崇智尚利」文化。

《論語・里仁》中有曰：「仁者安仁，智者利仁。」美國的「利」仁文化僅止於國境內，對於化外之民，其外交政策就一切「唯利是圖」。這些年來，為其贏得「醜陋的美國人」之名，可謂實至名歸。

再拿最近因地震災難再度成為世人目光焦點的海地為例，身為美國一窮二白的鄰居，原本就只有產值微小的原始農業，而且還是國家經濟的命脈，但美國那些富可敵國的糧商財團，仍毫不留情地將之壟斷，為其資產增加零頭中的零頭，使得海地人連吃口飯也得看美國糧商臉色。

美國的崇智文化仍在繼續演化之中。由建國時的清教徒，開創出「崇智利仁」

的文化，近年來已演化為「**崇智尚利**」的文化，以致貧富差距愈來愈大，努力與收入不成比例。腳踏實地工作的人，遠不如投機取巧與豪奪的人活得好。

如果再繼續演化下去，將成為「**崇智重利**」的文化，導致美國貧富差距繼續放大，中產階級人數一再縮小，財富分配烏龜化——只剩下一小撮特別有錢的人（烏龜頭）和一大群貧窮的人（烏龜身）。此現象由前幾年的佔領華爾街運動就已經可以看到警訊。

美國終究是個崇智的國家，在美國集中了最多的聰明人，一定有能力想出不靠壓榨、不以投機來增長經濟的方法，並且研擬出鼓勵人們努力工作，又不妨礙創新能力的平衡政策，而這將不止是美國之福，也是世界之幸。

15 我們保存了多少河圖洛書文化

中華文化之包容性、融合性，不僅將各種文化吸收、消化，使儒、道、佛三家一體，甚至宗教也能儒、佛、道三教一家。將孔子、佛祖、老子、媽祖、關公……供奉在同一座廟宇中。

不過，雖有對事物提綱挈領的能力，總能先抓重點，但卻常見林不見樹，忽略了細節。

中國人最崇拜的聖人是孔子與關公，而不是外國人一再頌揚的成吉思汗。四川人拜李冰父子，建武侯祠，而不是供奉當時的皇帝。我們推崇一個人的人格，而不是他有多大力量、擁有多少權力。

我們的確受了河圖洛書的影響，在文化上有其特色，但是為何又淪落到義和拳的境地呢？

有智慧的中國人消失了

中國在上古、中古時期的發明，如絲綢、中醫藥、火藥、造紙、指南針、印刷術等，都是全球名列前茅的重要發明：

絲綢發明於黃帝時期，**中醫藥**在漢朝以前。

火藥是煉丹家的發明，推測時間應是在秦漢與隋唐時期之間，而唐代已將火藥用在戰爭。

造紙是東漢蔡倫所發明；雖然黃帝用的指南車不是使用磁石原理，但**指南針**的雛型，戰國時期發明的司南也已具備。

印刷術分幾個階段，從刻石拓印開始，在隋唐時期就發明了雕版印刷術，而活字印刷則是由北宋的畢昇所發明。

細數了這麼多陳年舊事，不是想要追憶秦皇漢武過去的輝煌成就，而是想要在歷史的洪流之中尋找蛛絲馬跡。

中國人的創造力，隨著時間的腳步，一點一點乾涸了。在現代物理、數學、化學的新發現上，我們交了白卷。

那個發明絲綢、中醫藥、指南針、火藥和印刷術的中國人到哪裡去了？從我中學時期學了些數學、物理後，就一直不斷地問著這個問題。究竟那個有智慧的中國人哪裡去了？

以科學框架取代陰陽五行

陰陽五行在文字記載中，首見於洪範九疇，後來由董仲舒加以提倡，真正風行全國，卻是在朱熹大力推行之後。

▼ **陰陽五行框架示意圖**

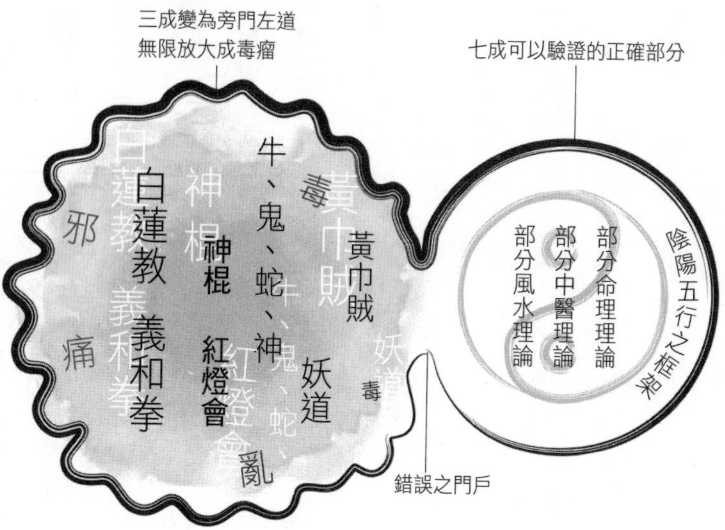

朱熹是《金篆玉函》的傳人，他重新肯定了河圖洛書是八卦、《周易》之源頭，也就是四書的源頭，但也判斷陰陽五行可能為河圖洛書之義涵。

而朱熹這個似是而非的判斷，真正改變了之後一千年左右的中華文化發展方向。

中國的科學方法，只講演繹，不用歸納，更不用工具來驗證。

演繹歸納併用，以新工具驗證，是大哲學家培根提出來的科學方法，這個方法促成科學在英國的發展，接著推動工業革命，成就了日不落的大英帝國。

反觀中國人自宋以降，以為天下至理，止於「陰陽五行」。我們在此用了孔夫子止於「至善」精神，可是卻忘記孔夫子還說：「**惡紫，恐其亂朱也。**」

在過去的著作中，筆者就一再強調，陰陽五行並不是完全錯了，有大約七成的正確，但就是可怕在加上那三成的錯誤。

陰陽五行能正確解釋的事物不多，因為這七成是有限制，是可以驗證的。糟的是不正確的三成，只重演繹，不重歸納。不以新工具驗證的近代中國人，無限制地放大這錯誤的三成，其結果成就了充斥著牛鬼蛇神、邪門歪道及各種毒花毒草

▼科學的框架示意圖

的巨大毒瘤。（請參考一七三頁之「陰陽五行框架示意圖」）

在今天，該如何因勢利導來治療這個千年陳疴？

我們先把陰陽五行框架換成科學的框架，也就是唯物辯證法的框架。把陰陽五行理論由科學的理論取代。讓我們像過去一千年一樣發揮無限的想像，一起由科學的邊界衝出去，開出創新的花，結出發明的果。

16 由「五」給我們的啟示

深入探討「五」的特性，可以發現一些啟示。

五在一至九居中，不是最大，也不是最小

「五」在一至九幾個數字間居中。

而一至九各個不同，領導者不需要把一、二、三、四、五、六、七、八、九所表示之世界各國，或各種文化、政治制度……統統轉換成「五」。

地球是圓的，有上、有下、有左、有右、高山、大海、瀑布、森林……，所以

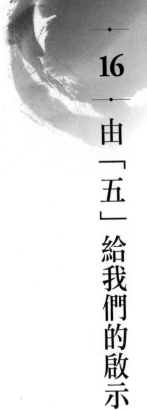

江山如此多嬌。如果世上所有旅館都成了希爾頓，餐廳都是麥當勞，飲料店都是星巴克……，這個世界將是何等無趣、單調。

在第十三章有關科學邊界的討論中，筆者曾提出「增加選擇的自由度」才是絕對價值。如果愛迪生發明了電燈，就只准百姓用電燈，不准用蠟燭、煤油燈、煤氣燈，營火會也不准用柴火，這是進步嗎？雖然電燈是最新的科技產品，但也得先有發電廠，以及變電所、輸電管線，控制程式……等基礎設施。

如果一個基本工業水平都不能達到的窮國，又如何用電燈呢？

政治制度也一樣，西方的兩黨政治、君主立憲制度，都是經過七、八百年的演化和進步，才有今天的穩定與成熟風貌。一個原始的政體，怎能一步登天？不讀小學就上大學，沒念高中就要念博士，豈不是強人所難。更何況世上只有兩黨政治一種選擇嗎？這就像強迫所有百姓用電燈一樣，沒有增加選擇的自由度！

「五」的精神，是平等心、仁心，也就是同情心。不去強迫別人改變文化、改變政治制度，而是理解其他國家的難處，對其選擇加以尊重，而非歧視，甚至強迫其改變。

強迫別人改變是「己所欲，施於人」，更何況這個「己所欲」還不一定出於善意，是因為自己認為好，而要別人跟著做。也可能是為了自己好，「損人利己」的要別人跟著做。

孔子說：「**己所不欲，勿施於人。**」這個做法沒有問題，也受到推崇，但是卻有些消極。兩句話都是以否定語來達到負負得正的效果。

在「己所欲，施於人」的過度積極，與消極的「己所不欲，勿施於人」之間，有個中庸之道，就是這個「五」所引伸的道理。告知所有可能的選項，分析各選項之利弊，再由其自由選擇，這才是交朋友的道理、父母教小孩的道理，以及導師教學生的道理。「五」的道理，就是中國人所說的「作之師，為之君」。

「五」在一至九之中，不是最大，也不是最小，而是居中。這個「中」是中庸之道，就像前段所討論「己所欲」與「己所不欲」之間，不走極端，不走偏鋒，而是穩重、穩健之中道，以為整體安定力量與平衡的重心。

「五」與一至九皆有連結

「五」對四方關心，理解並體諒。一、二、三、四、五、六、七、八、九代表不同文化與開發的進程，彼此應資訊互通，相互交流，讓大家互相支援，找出最適合整體利益、妨害個別利益最少的最佳方案。先進者協助並教育指導落後者，但只告知其各種可能的選項，供其自行選擇要慢慢改變，或是快速更新。

「五」是資源調和者。不是資源佔有者，也不是利益剝削者。像身體血液分配一樣，每個器官、經絡、組織都要顧到，按照實際需要加以補強或調節，以求各個單位的共榮。也像八缸引擎一樣，統合八個單位，群策群力，輸出最大功率，以達最大功效。

河圖是包含注入能量的運作方式，互通有無，截長補短，以達整體之平衡與安定繁榮。洛書則如同聯合國的結構，指出如何分配資源、調停爭端，以總體之利益優先，一視同仁，四兩撥千斤，公正地依能力分配責任，將資源用在最有效率的關鍵因素上。如果真能公平運作，群策群力，才有可能舒緩地球暖化、核子擴散等即將來臨的世紀災難。

「五」可以扶弱國，興亡國。對於天災、人禍之失，加以補救；阻止侵略，化解霸凌；互助互生，諧和萬邦，以達世界和平。

「五」可與十結合，也可自行運作。與生數一、二、三、四相結合後，「五」可生成數六、七、八、九。

以上是筆者研究河圖洛書的領悟。如果由孔子所注《周易》來理解，那是經過《連山易》、《歸藏易》、《周易》數千年之發展，筆者這點見解一定非常初步淺顯，最多也只是個序言。希望各位看官，發揮你的分析力、理解力，大家合力完成一部或幾部加上「五」以後的《周易》。

17 中華文化之重大污染事件簿

我們用河圖洛書為準繩、為規矩，來衡量分析一下中國由黃帝、堯舜以來，一直到義和拳興起，其間究竟有哪些重大事件污染了這條文化長河。

一、**大禹傳子，家天下**：在大禹之前，中國可能有了二、三千年的禪讓政治，領導人由有德者居之。大禹雖然發揮洛書的精神，治水成功，救萬民於水火之中；但其因公忘私，治水期間三過家門而不入。以公的立場是「盡忠職守」，但就私的立場則是「有虧父職」。

大禹本欲傳皋陶，但皋陶早亡，乃傳伯益。以後不論如史記所書，伯益讓位於禹之子啟；或有如其他文獻記載，啟殺伯益奪位，並發生有扈氏之亂。不論是啟不聽父親遺訓，以力逼迫伯益讓位，或殺之而奪位，同樣證明大禹是個失敗的爸爸！

二、**漢武帝借董仲舒之手推崇儒家**：比起秦始皇的焚書坑儒，漢武帝此舉更能達到控制人民思想的效果。

秦始皇書怕知識分子領頭造反，不讓百姓讀書；而漢武帝以董仲舒所倡之儒家思想，做為忠君愛國的教材，像這樣積極進攻的做法，比焚書坑儒的消極防禦，不知高明了多少倍。

套句現代電腦語言，秦始皇不准電腦灌系統性的軟體，所以焚書坑儒，讓老百姓頭腦空空；漢武帝則將電腦灌滿忠君愛國、修正後之儒家思想，讓老百姓腦子裡先入為主，再也容不下其他軟體。

而董仲舒也引進陰陽家鄒衍的陰陽五行學說，將之視為儒家正統，又提出「天」的概念，將皇帝拉到如天一樣高，並將皇權神化。

三、**王莽篡漢**：為了混淆董仲舒之儒家思想，王莽引進讖緯文化迷惑百姓。而光武帝劉秀為奪回大位，以其人之道還諸其人，加入陰陽家之神祕元素，又再一次混淆了儒家思想，造成漢末黃巾起義，又是呼風喚雨，又是書符念咒的。其影響延續到今日，民間宗教仍書符、念咒、裝神弄鬼，寺廟也還是流行抽籤（讖）。

四、司馬氏滅漢：曹操做了多年丞相，雖然主持朝政，但不敢取帝位而代之。晉朝初立，殺盡忠良愛國之士，士人被迫發展玄學，而一般百姓則流行地下玄學，白蓮社因而成立。後來至宋發展為白蓮教，是義和拳、紅燈照、太平天國等民間組織之先驅。

五、陳摶、劉牧將河圖洛書重見天日：此舉使河圖洛書地位墜落凡塵。周敦頤只得另立太極圖為儒家圖騰，並提倡陰陽五行之說，以接手更深奧之《周易》。

朱熹雖再將河圖洛書定位為《周易》之源，但未解河圖洛書之義，反將陰陽五行視為儒家正統。一方面因朱熹之崇高地位，另一方面由於陰陽五行道理簡單，演繹容易，又處處可用，自此成為中華文化之主流。造成自宋朝以後，中國人失去創意，再也不會發明，也失去科學求真精神。

六、元朝末年盛行怪力亂神：長期亡國，致地上文化淪喪，士人轉而參與地下文化。《三國演義》、《水滸傳》先成書，鼓吹忠孝節義，將關公、宋江塑造成不世大英雄，成為以後民間戲劇的主要題材；而後《西遊記》是經典的神魔小說，其中引用了大量道教術語，如「**猿猴道體配人心**，**心即猿猴意思深**」、「**無字真經**」、「**佛配自己之元神**」等，都是道家修煉術語。

這些小說深入民間，改編為各種戲曲，大受百姓歡迎。其中引用之神魔、陰陽五行、道家之修行、陰陽家之傳奇等，也同時深植人心。經過長期洗腦下來，不僅百姓不能分辨戲裡戲外，連士人也將信將疑。

而經過這六個巨大轉折，就不難理解，為何清泉會變得混濁，義和拳又為何應運而生。

後記

萬邦興盛，世界和平的「中國夢」

自從習近平主席提出了「中國夢」這個詞後，我不禁一則以喜，一則以憂。喜的是中國人總算從飢餓、亡國邊緣爬了出來，現在居然可以做自己的夢了；而憂的是中國夢是什麼夢？與美國夢有何不同？會是納粹夢？還是日本軍國夢？

人都會做夢，但有好夢，有噩夢。

把中國近代史攤開，就從孫中山建立民國談起。中國國民黨為了挽救好幾次瀕臨亡國的危機，走的是傳統儒學路線；而共產黨選擇了唯物辯證，也就是一切講科學。如今一百年過去，共產黨已在講中國夢了，台灣卻只剩下「有夢最美，希望相隨」，這句陳水扁過去的競選口號，仍在他的牢房裡迴盪，迴盪，迴盪。

我們分析一下西方資本主義的崛起，可粗分為三個階段：

一、**宗教革命**：在歐洲打破了迷信、宗教的束縛，還給人們正確思考的能力。

二、**文藝復興**：誘發個人自由發揮、發展，讓人的智慧可以伸展成長。

三、**工業革命**：前有哲學家培根的科學思想，以演繹歸納法則和新工具做驗證。由科學的引導，引爆了巨大生產力的突破性進展，更成就了大英帝國。

而今大陸的發展呢？依我來看有兩個關鍵——「**唯物辯證法**」和「**鄧小平的經濟改革**」。在中華文化中充滿了牛鬼蛇神，要一一清除是緩不濟急，共產黨選擇唯物辯證，一下子消除所有迷信，可對應西方的宗教革命。而鄧小平提出「**不論白貓黑貓，會抓老鼠的就是好貓**」、「**讓一部分人先富起來**」等口號，顯示這個經濟改革打破共產主義的齊頭式、均貧式平等，允許個人自由發揮、伸展成長，在經濟上已相當於西方的文藝復興。

在中共的成長過程中，毛澤東是開國的，鄧小平是治國的。毛澤東是軍事家、謀略家、大英雄，可以馬上打天下，是周武王一樣的人物；而鄧小平除了規劃上述兩個關鍵性的進程，也規劃了相當於堯舜禪讓制度的領導人接班制。

要實現中國夢，我們需要第三個進程——中國式的「工業革命」。

唯物辯證法對消除迷信非常有效，不合科學的都不要，非常容易做到。但過度相信與依賴科學，豈不又把科學變成宗教，將會喪失創新能力。今日中國已成了世上最會複製科技產品的國家，所有新穎的產品都能在最短時間成功複製，但這不是中國夢。本書重新提出科學邊界的理論，並強調要**在科學的泥土中吸收營養，從邊界的空洞中超越科學，開出創新的花，結出發明的果，才能帶來中國的工業革命。**

而要成就中國夢，還得先解決長期一黨獨大造成容易貪腐的環境。這方面，有類似環境的新加坡處理得很好，他山之石，可以攻錯。文化方面要正本清源，認清河圖洛書是中國文化之主流、清流，發揮其中精義。內求同胞為優良文化感召、認同，進而身體力行；對外則視世界為一體，相互幫助，互通有無。

在世俗資本主義只顧自己、相互拚鬥、你死我活的爭霸思考中，走出一條互相包容、融合，能一起共榮，以求萬邦興盛、世界和平的「中國夢」。

國家圖書館出版品預行編目資料

河圖洛書新解：以科學框架取代陰陽五行，找回中國人的創新智慧 / 王唯工著. -- 初版. -- 臺北市：商周出版：家庭傳媒城邦分公司發行, 2013.12
面； 公分. -- (ViewPoint；70)
ISBN 978-986-272-504-7(平裝)

1.易經 2.研究考訂

121.17 102024527

線上版讀者回函卡

ViewPoint 70X

河圖洛書新解：以科學框架取代陰陽五行，找回中國人的創新智慧（暢銷改版）

作　　者／王唯工
企劃選書／黃靖卉
編輯協力／葛晶瑩

版　　權／吳亭儀、江欣瑜
行銷業務／周佑潔、賴玉嵐、林詩富、吳藝佳、吳淑華
總 編 輯／黃靖卉
總 經 理／彭之琬
第一事業群總經理／黃淑貞
發 行 人／何飛鵬
法律顧問／元禾法律事務所王子文律師
出　　版／商周出版
台北市115台北市南港區昆陽街16號4樓
電話：(02) 25007008　傳真：(02)25007759
E-mail：bwp.service@cite.com.tw
發　　行／英屬蓋曼群島商家庭傳媒股份有限公司城邦分公司
台北市115南港區昆陽街16號8樓
書虫客服服務專線：02-25007718；25007719
服務時間：週一至週五上午09:30-12:00；下午13:30-17:00
24小時傳真專線：02-25001990；25001991
劃撥帳號：19863813；戶名：書虫股份有限公司
讀者服務信箱：service@readingclub.com.tw
城邦讀書花園 www.cite.com.tw
香港發行所／城邦（香港）出版集團有限公司
香港九龍土瓜灣土瓜灣道86號順聯工業大廈6樓A室
電話：(852) 25086231　傳真：(852) 25789337
E-MAIL：hkcite@biznetvigator.com
馬新發行所／城邦（馬新）出版集團【Cite (M) Sdn Bhd】
41, Jalan Radin Anum, Bandar Baru Seri Petaling, 57000 Kuala Lumpur, Malaysia.
電話：(603) 90563833　傳真：(603) 90576622

封面設計／林曉涵
版面構成／林曉涵
內頁插畫／CK.MAN
印　　刷／中原造像股份有限公司
經 銷 商／聯合發行股份有限公司
新北市231新店區寶橋路235巷6弄6號2樓
電話：(02) 29178022　傳真：(02) 29110053

■2013年12月26日初版
■2024年 7 月17日二版1.5刷
Printed in Taiwan
定價300元

城邦讀書花園
www.cite.com.tw

ISBN 978-986-272-504-7
eISBN 978-626-318-930-0 (EPUB)